KB170618

— 당신의 1분 1초를 아껴줄 —

시간순삭 인공지능

with 엠블록 & 아두이노

김석전 · 김세호 · 배영훈 · 강성훈 지음

생능북스

초판 1쇄 발행 2022년 2월 22일
초판 2쇄 발행 2023년 2월 1일

지은이 ǀ 김석전, 김세호, 배영훈, 강성훈
펴낸이 ǀ 김승기
펴낸곳 ǀ ㈜생능출판사 / **주소** 경기도 파주시 광인사길 143
브랜드 ǀ 생능북스
출판사 등록일 ǀ 2005년 1월 21일 / **신고번호** 제406-2005-000002호
대표전화 ǀ (031) 955-0761 / **팩스** (031) 955-0768
홈페이지 ǀ www.booksr.co.kr

책임편집 ǀ 유제훈 / **편집** 신성민, 김민보
마케팅 ǀ 최복락, 심수경, 차종필, 백수정, 송성환, 최태웅, 명하나
인쇄 ǀ 성광인쇄(주)
제본 ǀ 일진제책사

ISBN 978-89-7050-539-8 93000
값 19,000원

● 생능북스는 (주)생능출판사의 단행본 브랜드입니다.
● 이 책의 저작권은 (주)생능출판사와 지은이에게 있습니다. 무단 복제 및 전재를 금합니다.
● 잘못된 책은 구입한 서점에서 교환해 드립니다.
● 내용 오류나 문의사항이 있으시다면 편집자(edit7@booksr.co.kr)에게 메일을 보내주세요.

머리말

인공지능 시대가 다가왔습니다. 우리의 주변 환경이 인공지능 서비스와 제품들로 빠르게 채워지고 있고, 인공지능을 이용해 각종 문제를 해결하며 사회변혁이 빨라지고 있습니다. 농경사회에서 산업사회로 변화는 100여 년에 걸쳐 서서히 이루어졌기 때문에 농경사회에서 마부가 트럭 운전사로 바로 변모할 필요는 없었습니다. 하지만 불과 10여 년 만에 산업사회에서 디지털 사회로 빠르게 변하면서 주변 환경에 대한 이해와 적응력을 키워 직업 세계에 잘 대처해야 할 것입니다.

이러한 급격한 사회변화는 여러분에게 위기이면서 기회가 될 것입니다. 화약이 발명되어 적군은 대포로 맞서는데 말을 타고 창을 휘두르며 전투에 임하는 우를 범하지 않으려면 사회변화를 이끄는 지식과 기술에 대한 이해가 꼭 필요할 것입니다. 따라서 모든 직업과 산업의 디지털화를 이끄는 소프트웨어와 인공지능에 대해 알아야 하고, 더 나아가 인공지능을 이용해 자신의 분야 문제에 잘 적용하여 문제를 잘 해결하는 능력을 갖추어야 할 것입니다.

인공지능은 '인간지능 일부를 컴퓨터 프로그램으로 구현한 것'으로 이미지/영상처리, 음성인식, 문자처리에 강점을 보이고 있습니다. 불량품을 구분한다든지, 교통량을 인식하거나 번호판을 인식하는 일은 인간의 능력을 넘어서고 있어, 숙련 노동자를 빠르게 대체하고 있습니다. 이러한 인공지능에 대해 어떻게 사물을 구분하고, 인식하는지 인공지능 알고리즘의 원리와 구현 및 학습을 위한 데이터처리 등을 배워야 하며, 인공지능을 이용해 인공지능 응용프로그램을 제작해 실제 문제에 적용해 해결하는 방법을 배워야 할 것입니다. 그밖에 인공지능 윤리, 법, 사회문제 등에 대해 배워 인공지능에 따른 문제점을 인식하고, 대처하는 방법을 알아야 할 것입니다.

이미 만들어진 인공지능 기술이나 제품을 사용하는 것도 중요하지만, 문제 해결에 적용하기 위한 인공지능 응용프로그램을 개발해보는 것이 더 중요합니다. 그렇게 된다면 인공지능에 대한 올바른 이해를 바탕으로 인공지능이 보편화된 디지털 사회에 두려움 없이 적응해 나갈 수 있습니다. 인공지능이 지배하는 세상을 두려워하기보다는 인공지능을 소유한 사람의 지배를 받을까 염려하는 사람이 되어야 합니다. 앞으로 인공지능을 이용해 자기 분야의 문제를 효율적으로 해결할 수 있는 능력을 갖춘 사람으로 성장하여 인공지능을 지배하는 인재가 되길 바랍니다.

저자 일동

Artificial Intelligence
ARDUINO

이 책의 구성과 특징

💎 이 책의 특징

이 책은 엠블록과 아두이노 사용법을 모르는 독자들도 충분히 학습할 수 있도록 구성하였습니다. 특히 인공지능 이론 학습과 실습 프로젝트까지 포함하여 인공지능을 체험할 수 있도록 한 것이 특징입니다.

① 1편에서는 인공지능, 엠블록 사용법, 아두이노에 대해 알아봅니다.
② 2편에서는 본격적으로 엠블록으로 코딩하여 6가지 인공지능 프로젝트를 실습해 봅니다.
③ 3편에서는 엠블록으로 코딩한 후 아두이노 키트를 이용해 8가지 인공지능 프로젝트를 실습해 봅니다.

💎 프로젝트 안내

2편부터 다루는 인공지능 실습 프로젝트를 소개합니다. 프로젝트를 수행하기 위해서는 2시간 정도의 시간이 필요하며, 1인 또는 2인 1조로 실습할 수 있습니다.

2편에서는 PC 또는 노트북에서 웹캠과 엠블록 프로그램을 이용해 프로젝트를 수행합니다.

번호	프로젝트명	시간	준비물
4장	가위바위보 게임 만들기	2	PC 또는 노트북, mBlock, 웹캠
5장	마스크 인식하기	2	PC 또는 노트북, mBlock, 웹캠
6장	열려라 참깨 문자 인식하기	2	PC 또는 노트북, mBlock, 웹캠
7장	플래피 버드 게임 만들기	2	PC 또는 노트북, mBlock, 웹캠
8장	긍정문/부정문 분석하기	2	PC 또는 노트북, mBlock, 웹캠
9장	기후 데이터 분석하기	2	PC 또는 노트북, mBlock

3편에서는 PC 또는 노트북에서 웹캠과 엠블록 프로그램에 더해 아두이노 키트를 이용해 프로젝트를 수행합니다.

번호	프로젝트명	시간	준비물
10장	레이디버그 게임 만들기	2	PC 또는 노트북, mBlock, 아두이노, 쉴드, 웹캠, LED, 버저
11장	얼굴 나이 측정하기	2	PC 또는 노트북, mBlock, 아두이노, 쉴드, 숫자표시장치
12장	통역 프로그램 만들기	2	PC 또는 노트북, mBlock, 웹캠, 아두이노, 쉴드, RGB LED
13장	초음파로 성별 구분하기	2	PC 또는 노트북, mBlock, 웹캠, 아두이노, 쉴드, RGB LED, 초음파센서, 빨간 버튼, 파란 버튼
14장	동안 테스트	2	PC 또는 노트북, mBlock, 웹캠, 아두이노, 쉴드, RGB LCD, 서보모터, 버저
15장	랜드마크 이름 맞히기	2	PC 또는 노트북, mBlock, 웹캠, 아두이노, 쉴드, OLED
16장	노약자석 대상자 확인하기	2	PC 또는 노트북, mBlock, 웹캠, 아두이노, 쉴드, LCD, 버저
17장	목운동하기	2	PC 또는 노트북, mBlock, 웹캠, 아두이노, 쉴드, 버튼, 진동모터, 신호등 LED

이 책의 구성과 특징

Artificial Intelligence
ARDUINO

📦 준비물에 대해

이 책은 2편까지만 진행한다면 PC 또는 노트북과 마이크 기능이 있는 웹캠[1] 정도만 필요하지만 3편에서는 아두이노 키트를 별도로 구매하는 것이 필요합니다. 즉, 아두이노 외에도 아두이노와 연결해서 사용하는 다양한 부속품이 필요합니다. 본문에서는 고릴라 실드라고 하는 아두이노와 부속품을 아주 편하게 연결하게 해주는 실드를 기준으로 아두이노 사용법에 대해 설명하고 있습니다.

아두이노만 있을 때

아두이노에 고릴라 실드를 연결했을 때

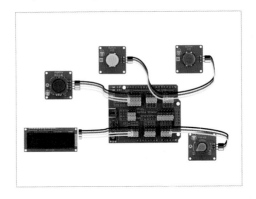

아두이노, 고릴라 실드, 기타 부속품을 포함한 키트를 별도로 구매해야 하며, 독자분을 위해 (주)에스에프에듀와 협력하여 이 책을 위한 전용 키트를 저렴한 가격에 판매하고 있습니다.

---

1 대부분 웹캠에는 마이크 기능이 포함되어 있으므로, 독자분이 보유하신 웹캠이 마이크 기능이 포함되어 있는지 확인해 보세요. 또한, 많은 노트북에는 마이크와 웹캠이 포함되어 있는 경우도 많으니 확인해 보세요. 노트북을 사용한다면 마이크와 웹캠도 구매할 필요가 없을 수도 있습니다. 만약 웹캠이 필요하다면 일반 쇼핑몰에서 구매할 수 있습니다.

🎁 (주)에스에프에듀에서 키트 구매 방법

① 에스에프에듀 홈페이지(https://www.gorillacell.kr) 방문
   (메인 〉 SHOP 〉 세트류 〉 생능출판사 전용세트(구매)

* 홈페이지 화면은 변경될 수 있습니다.

② 이메일 문의 : sfedu3527@gmail.com
③ 전화문의 : 010-2420-3527

🎁 예제 파일 다운로드

생능출판사 홈페이지(https://booksr.co.kr)에서 '아두이노'로 검색 → 여러 도서 중 이 책의 도서명을 찾아 클릭 → [보조자료]에서 다운로드

Artificial Intelligence
ARDUINO

목 차

2편 인공지능을 위한 엠블록 프로젝트

목차

Artificial Intelligence
ARDUINO

3편　인공지능을 위한 아두이노 프로젝트

목차

Artificial Intelligence
ARDUINO

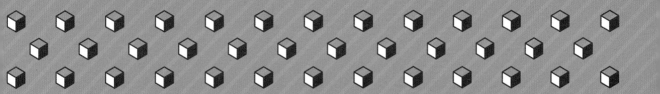

1편

인공지능과 코딩 기초

인공지능을 위한 아두이노와 엠블록 프로젝트를 만들기 전에 미리 준비할 것들이 있습니다. 1편은 인공지능, 아두이노, 엠블록 학습을 진행하기 전에 미리 알아야 할 내용을 소개합니다. 먼저 인공지능에 대한 기초 지식을 학습합니다. 그리고 프로젝트를 만들기 위해 엠블록 계정을 만들고, 기초적인 사용법을 알아봅니다. 또한 아두이노가 무엇인지, 그리고 어떻게 사용하는지도 간단하게 알아봅니다.

 학습목차

1장
인공지능 기초 학습

1. 지능이란 무엇인가요?

우리가 인공지능을 이해하기 위해서는 먼저 지능이  무엇인지 알아볼 필요가 있습니다. 예를 들어 달 팽이의 촉수를 만지면 쏙 들어갑니다. 달팽이는 지능을 가지고 있을까요?

이러한 달팽이의 행동을 과학자들은 '무조건반사'라고 말합니다. 우리가 아플 때 소리를 지르거나 눈에 먼지가 들어갔을 때 눈물이 나는 것과 같습니다. 또한 레몬을 보고 입에 침이 고이는 것은 레몬을 먹어 보았던 경험 조건에 따른 반사행동이라 '조건반사'라고 부릅니다. 조건반사나 무조건반사에 따른 행동은 지능이라 부르지 않습니다.

개미나 꿀벌처럼 사회를 이루고 각자 역할을 분담하여 지능을 가진 존재처럼 인식되는 곤충무리도 있습니다. 이들도 본능에 의해 행동하므로 지능이 있다고 말하지 않습니다.

대부분의 고등 동물들(척추를 가진 동물)은 어느 정도의 지능을 가지고 있습니다. 쥐나 닭은 낮은 지능을 가졌다고 하며 돌고래나 침팬지는 높은 지능을 가졌다고 합니다.

고등동물은 지능이 '있다/없다'라고 하기보다는 지능이 '높다/낮다'로 표현해야 이해하기 쉽습니다.

낮은 지능   높은 지능

높은 지능을 가진 동물 중 원숭이는 경험과 학습을 통해 나뭇가지를 개미굴에 넣어 나뭇가지에 묻어 나오는 개미를 잡아먹고, 무거운 돌을 들어 나무 열매를 깨 먹습니다. 범고래는 의사소통으로 역할을 분담하고, 무리 지어 바다사자를 사냥합니다. 이처럼 인간을 제외한 동물들은 지능을 사냥이나 생존에 주로 사용합니다. 따라서 지능이 높다면 생존할 확률이 높아집니다.

특히 인간의 지능은 다른 어떤 동물보다 매우 뛰어납니다. 인간지능은 기억, 학습, 판단, 추론, 예측, 상상, 감정 등 다양한 지적인 능력을 포함합니다. 인간은 신체적인 조건이 다른 동물에 비해 매우 열악하지만 높은 지능을 이용해 다른 동물과의 경쟁에서 승리했습니다. 인간지능은 만 2살 정도만 되어도 가장 지능적인 다른 동물보다 똑똑합니다.

지능은 오랫동안의 경험과 학습을 통해 좋아질 수 있습니다. 아무리 지능이 높더라도 경험과 학습을 통해 지식을 획득하지 못하면 적절한 판단과 행동을 할 수 없습니다. 따라서 경험이나 학습에 의해 지식을 기억하고, 기억한 지식을 바탕으로 판단하거나 행동하는 능력을 지능이라고 할 수 있습니다.

2. 인공지능이 무엇인가요?

인공지능은 '인공'과 '지능'의 합성어입니다. 인공은 사람이 만든
사물이란 뜻입니다. 자동차, 비행기, 컴퓨터 같은 사물들을 자연이
만든 사물에 대비해 인공물이라고 합니다. 지능에 인공을 붙이면
자연적인 지능이 아닌 인간이 만든 지능이란 뜻의 인공지능이
됩니다. 인간이 만든 인공지능은 컴퓨터상에서 인간의 지능을
재현한 것, 또는 재현하기 위한 기술을 의미합니다.

하지만 인공지능이 무엇인지에 대한 구체적인 의미는 사람마다 다르게 생각하고 있습니다. 그 이유는 다음과 같습니다.

❶ 인공지능에 관해 연구하는 사람들조차 인공지능이라고 생각했던 분야가 인공지능이 아닌 것으로 분류되기도 하고, 새로운 주제가 등장하면서 인공지능에 대한 정의가 계속 바뀌고 있습니다.

예를 들면 오래전에는 검색결과를 내거나 계획을 자동으로 처리하는 일이 인공지능의 영역으로 분류되었지만, 오늘날에는 학생들도 배우는 내용으로 바뀌었습니다.

❷ 사람들이 소설과 영화에 나오는 인공지능을 보고 인공지능에 대한 개념을 이해하기 때문입니다.

영화에서처럼 사람과 일상의 대화를 하며, 감정을 가지고 피노키오처럼 행동하는 인공지능 휴머노이드를 보며 인공지능에 대한 환상과 두려움을 갖게 되었습니다. 하지만 이것은 오늘날의 인공지능과는 거리가 매우 멀고 인공지능 연구자들은 이것이 실현 불가능에 가깝다고 이야기하고 있습니다.

Artificial Intelligence
ARDUINO

❸ 사람에게 어려운 일은 인공지능에게는 쉽고, 사람에게 쉬운 일은 인공지능에게는 매우 어렵습니다.

예를 들어 수백 대의 CCTV 화면에서 길을 잃어버린 어린아이의 동선을 찾아내는 일은 인간에게 매우 어렵지만 인공지능에게는 매우 쉽습니다. 하지만 주방에서 설거지하는 일은 인공지능에게는 매우 어려운 일입니다.

인공지능은 컴퓨터과학자가 인공지능 알고리즘을 만들어 내고, 이를 프로그램으로 만들면 컴퓨터를 기반으로 작동합니다. 기존 프로그램은 정해진 순서와 명령대로 일을 처리합니다. 반면에 인공지능은 인간의 수준까지는 아니어도 입력에 대한 자기 판단으로 결과를 출력해냅니다. 인간은 계산, 추론, 판단, 저장, 창조 등의 다양한 고등 지능을 활용해 다양한 문제를 해결하고, 아주 복잡한 물건을 만들 수 있습니다. 인공지능은 인식, 분류, 추론 같은 인간의 지능 중 일부를 프로그램으로 구현한 것입니다. 불량품을 골라내는 일이나 과일을 선별하는 일같이 단순, 반복, 숙련이 필요한 인식 및 분류하는 작업은 인간보다 인공지능이 훨씬 잘합니다. 인간은 날개가 없어 하늘을 날지 못하지만, 비행기를 만들어 신체적인 한계를 극복했습니다. 이것처럼 인간이 작업을 수행하는 데 겪는 한계를 인공지능으로 극복할 수 있습니다.

인간은 인간의 이런 능력을 수행하는 컴퓨터 프로그램을 만들어 다양한 분야에 유용하게 사용하기 위해 인공지능을 연구·개발하고 있습니다. 하지만 기술적 한계로 인공지능은 아직 인간의 지능을 완벽히 구현하지는 못하고 있습니다.

간단히 말하자면 인공지능이란 인간을 대신해 어렵고, 힘들고, 반복적인 일을 처리하는 하나의 컴퓨터 프로그램이라고 생각하면 됩니다.

3. 인공지능은 어떻게 구분하고 구현할까요?

영화 〈아이언맨〉에서 아이언맨과 자연스럽게 대화하며 도와주는 인공지능의 이름은 '자비스'입니다. 인공지능의 최종목표에 가까운 인공지능이라 할 수 있습니다. 영화에 나온다는 말은 아직 구현이 불가능한 인공지능이라는 뜻입니다. 자비스처럼 인간과 자연스럽게 대화하며 인간의 명령을 인간 수

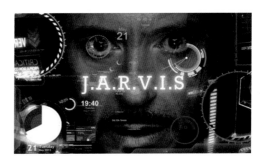

출처 : 영화 〈아이언맨〉

준으로 이해하여 수행하는 인공지능을 '강인공지능' 또는 '범용 인공지능'이라고 합니다. 글자를 인식하고, 도로의 자동차 종류를 파악할 수 있는 특정 기능만 수행하는 인공지능을 '약인공지능' 또는 '제한된 인공지능'이라고 합니다. 현재의 기술로는 약인공지능까지 구현 가능합니다.

현재 구현 가능한 인공지능은 엄청나게 많은 자료(영상, 이미지, 문자, 숫자)를 외워서 빠르게 원하는 결과를 출력해주는 수준입니다. 컴퓨터는 빠른 처리속도, 대량의 자료저장, 반복작업에서 인간의 능력을 넘어섰고, 이 능력을 바탕으로 구분·판단을 하게 됩니다. 인공지능 프로그램이 남자인지 여자인지 입력된 자료를 바탕으로 판단 결과를 확률로 출력하면 사람들은 그 프로그램이 지능을 가지고 있다고 착각을 하게 되는 것입니다. 여기서 판단의 확률을 높이기 위해서는 입력되는 자료가 매우 중요합니다. 또한 판단 방법을 결정해주는 알고리즘이 필요합니다. 학습, 판단, 추론 알고리즘을 연구하는 분야, 자료를 처리하는 방법을 연구하는 분야를 '인공지능 분야'라고 합니다.

인공지능	머신러닝	딥러닝
사고나 학습 등 인간이 가진 지적 능력을 컴퓨터를 통해 구현하는 기술	컴퓨터가 스스로 학습하여 인공지능의 성능을 향상시키는 기술	인간의 뉴런과 비슷한 인공신경망 방식으로 정보를 처리하는 기술

인공지능, 머신러닝, 딥러닝의 관계

인공지능을 구현하는 대표적인 기술은 머신러닝(기계학습)과 딥러닝이 있습니다. 머신러닝은 입력받은 자료를 활용해 규칙에 따라 학습하여 새로운 것을 확률로 예측하는 것입니다. A=B이고, B=C라는 것을 알려주면 A와 C가 같다는 것을 알아낼 수 있습니다. 다양한 강아지 사진을 학습한 인공지능은 처음 보는 강아지 사진을 보아도 강아지라는 결과를 출력합니다.

딥러닝은 인간 두뇌에 있는 신경세포의 구조를 본떠 만든 인공신경망을 이용해 학습하는 기술입니다. 입력된 자료를 스스로 판단하고 분류합니다. 수만 장의 강아지, 고양이, 사람 사진을 보여주면 스스로 강아지, 고양이, 사람으로 분류하고, 새로운 사진을 보았을 때 분류한 것 중에 하나로 판단 결과를 출력합니다.

학생이 공부할 때로 비교하면 머신러닝은 누군가 지식을 알려주는 사람이 있는 것이고, 딥러닝은 지식을 알려주는 사람 없이 엄청난 양의 분량을 혼자 공부하여 지식을 알아내는 것과 같습니다.

4. 인공지능에 대해 무엇을 알아야 할까요?

인공지능은 우리를 돕기 위한 프로그램입니다. 인공지능이 사람을 지배한다는 영화 속 이야기는 가까운 미래에는 나타나기 어렵습니다. 인공지능은 소유한 사람의 지배를 받을 수는 있으나 우리가 인공지능의 지배를 받는 날은 절대 오지 않을 것입니다. 인공지능을 두려워하거나 거부하기보다 특정 분야의 탁월한 능력을 갖춘 인공지능을 활용하여 자기 분야의 문제를 잘 해결하는 데 유용하게 사용할 수 있는 능력을 갖추면 될 것입니다.

인공지능에 대해 알아야 할 것은 ① 인공지능이 무엇인지, ② 인공지능을 어떻게 만드는지, ③ 인공지능을 어떻게 응용하는지로 나눌 수 있습니다.

첫째, 인공지능이 무엇인지는 이해의 영역으로, 인공지능의 개념과 어려운 인공지능 관련 용어, 인공지능이 우리 사회에 끼치는 영향 등을 학습합니다.

둘째, 인공지능을 어떻게 만드는지는 구현의 영역으로, 인공지능의 수학적 원리와 데이터 처리, 알고리즘과 알고리즘의 구현 방법 등을 학습합니다.

셋째, 인공지능을 어떻게 응용하는지는 응용의 영역으로, 특정 일을 수행하는 인공지능을 자기 분야의 문제 해결에 사용하는 방법과 인공지능을 이용해 특정 일을 수행하는 인공지능 응용서비스를 제작하는 방법 등을 학습합니다.

이 책을 통해 우리는 특정 일을 수행하는 인공지능 서비스를 이용해 아두이노와 연동되는 인공지능 응용서비스를 만들어보며 실습함으로써 인공지능에 대한 이해를 높일 것입니다.

2장
엠블록 기초 학습

1. 소프트웨어 다운로드

크롬 브라우저를 실행합니다. 구글 홈페이지를 방문하여 검색창에 'mblock'을 입력한 후 검색합니다.

그리고 첫 번째 검색결과에 나온 링크를 누릅니다.

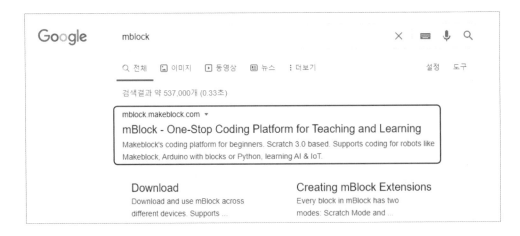

[Download(다운로드)] 메뉴를 클릭합니다.

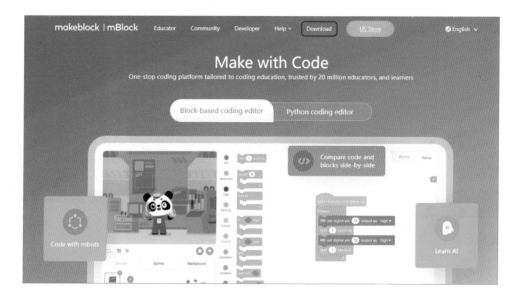

웹에서 실행되는 버전을 사용하고 싶다면 아래 버튼을 클릭합니다.

엠블록 기초 학습 2장

Artificial Intelligence
ARDUINO

mBlock(엠블록) PC 버전을 다운로드합니다.

좌측 하단에 설치 프로그램이 다운로드됩니다.

2. 소프트웨어 설치

설치 프로그램 파일을 실행합니다.

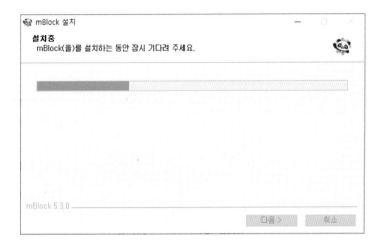

설치가 완료되면 [mBlock 실행하기(R)]에 체크하고 [마침] 버튼을 눌러주세요.

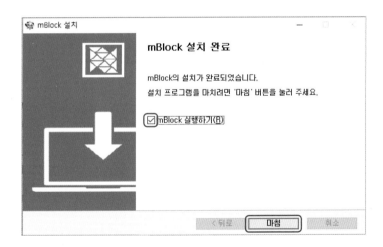

Artificial Intelligence
ARDUINO

윈도우 보안 경고가 나온다면 [액세스 허용] 버튼을 눌러주세요.

엠블록 프로그램이 실행됩니다.

3. 소프트웨어 둘러보기

소프트웨어가 실행된 초기 화면입니다. 화면을 구성하는 영역은 다음과 같습니다.

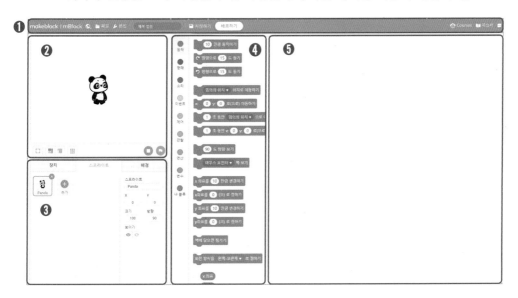

❶ 메뉴 영역 : 로그인하거나 파일을 열고 저장할 수 있습니다.

❷ 무대 영역 : '무대'를 확대/축소하거나 프로그램을 실행/중지시킬 수 있습니다. 또 마우스/키보드와 상호 작용할 수도 있습니다.

❸ 스프라이트 영역 : 장치/스프라이트/배경이라는 3가지 탭이 있으며, 각각의 탭에서 장치/스프라이트/배경을 추가/삭제/설정할 수 있습니다.

❹ 블록 팔레트 영역 : 카테고리별로 명령 블록이 있으며, 이 명령 블록을 드래그해서 스크립트 영역으로 옮길 수 있습니다.

❺ 스크립트 영역 : 명령 블록을 블록 팔레트 영역에서 드래그해서 실제 코딩해볼 수 있습니다.

혹시 초기 화면이 한국어가 아닌 다른 언어로 표시된다면 지구본 모양의 버튼을 눌러 한국어로 설정합니다.

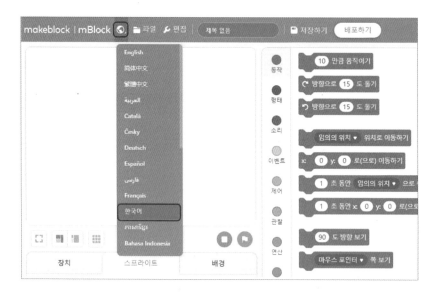

아래 그림은 무대와 캐릭터가 위치하는 기본 화면(실행 영역)으로 우리가 만든 프로그램이 실행되는 곳입니다.

아래 표시된 버튼을 누르면 코드 입력 공간이 부족할 때 기본 화면의 크기를 축소할 수 있습니다.

아래 표시된 버튼을 누르면 무대의 좌표를 확인하고 싶을 때 보조선이 보이도록 할 수 있습니다.

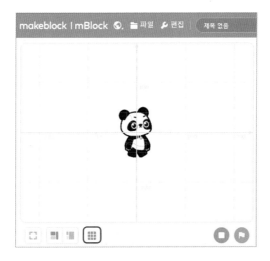

엠블록 기초 학습   2장 | Artificial Intelligence
ARDUINO

아래 표시된 버튼을 누르면 완성된 코드를 실행하거나 정지할 수 있습니다.

장치 탭을 선택하면 각종 하드웨어를 연결하고, 코딩으로 제어할 수 있습니다.

스프라이트 탭을 선택하면 캐릭터를 코딩으로 제어할 수 있습니다.

배경 탭을 선택하면 무대 영역을 꾸미고, 움직이는 코딩이 가능합니다.

동작 팔레트, 형태 팔레트 등을 팔레트라고 부릅니다. 물감을 팔레트에서 가져다 쓰듯이
명령 팔레트에서 원하는 명령을 블록 조립소에서 가져다 사용합니다.

파일 메뉴를 누르면 펼침 메뉴가 나타납니다. 컴퓨터에서 작성한 블록 코드를 불러오거나 저장할 수 있습니다.

로그인 상태에서 자신의 계정에 프로젝트를 저장하는 메뉴입니다.

자신의 PC에 프로젝트를 저장하는 메뉴입니다.

4. 확장 센터 사용하기

웹에 코드를 저장하거나 확장 센터의 인공지능 서비스를 사용하기 위해서는 회원가입이 필요하므로 다음 순서에 따라 회원가입을 합니다. 구글 계정이 있다면 간편하게 가입할 수도 있습니다. 다음 순서에서는 아이디와 패스워드를 새로 만든다고 가정하였습니다.

① 화면 오른쪽 상단에서 곰돌이 아이콘을 클릭합니다. 로그인 창이 뜨면 가입 탭을 눌러 회원가입을 진행합니다.

② 아이디를 만들기 위해 메일 주소를 입력하고 나이에 맞게 아래 버튼을 선택합니다.

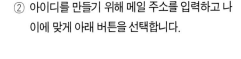

엠블록 기초 학습　2장　Artificial Intelligence ARDUINO

③ 개인정보 보호 정책과 관련된 내용이 나옵니다. [동의하고 계속하기] 버튼을 클릭하면 다음 단계로 넘어갑니다.

④ 사용할 비밀번호를 입력하고, 코드 받기 버튼을 누르면 앞서 입력한 메일 주소로 인증 번호가 발송됩니다. 본인의 메일 계정을 확인하여 인증 번호를 입력하면 가입이 완료됩니다.

⑤ 가입이 완료되었으면 메일 주소(아이디)와 암호를 입력하여 로그인합니다.

⑥ 로그인하면 화살표가 가리키는 캐릭터가 활성화됩니다.

⑦ 클라우드 서비스 인증코드를 클릭하면 인공지능 사용권한의 인증코드를 볼 수 있습니다.

  * 이 코드 번호는 다른 사람에게 절대 알려주면 안 됩니다.

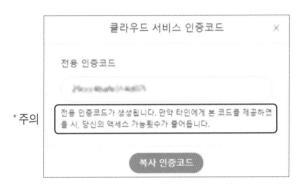

이로써 회원가입 후 로그인이 완료되었습니다.

기본으로 제공되는 명령 블록 이외의 추가 블록을 사용하고 싶다면 확장 센터에 접속합니다.
스프라이트 확장과 디바이스 확장이 있습니다.
스프라이트 확장에서는 인공지능 서비스, 기계학습, 기후 데이터, 번역, 구글 스프레드시트 등 다양한 서비스 사용이 가능합니다.
디바이스 확장에서는 기본으로 제공하는

명령 블록 이외에도 다양한 입출력장치를 제어할 수 있는 명령 블록을 추가하여 창의적인 피지컬 컴퓨팅 실습이 가능합니다.

엠블록 기초 학습 2장 | Artificial Intelligence ARDUINO

스프라이트 확장

디바이스 확장

5. 소프트웨어에 장치 연결하기

장치 탭에서 추가 버튼을 클릭합니다.

장치 라이브러리에서 사용할 장치를 골라 추가합니다. 우리는 '아두이노 우노(Arduino Uno)'를 선택합니다. 별 모양을 체크하면 주로 사용하는 장치로 등록되어 다음에 실행할 때 추가하지 않아도 됩니다.

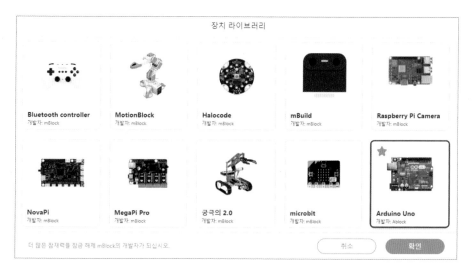

엠블록 기초 학습 2장

Artificial Intelligence
ARDUINO

아두이노를 USB 케이블로 컴퓨터에 연결해 놓은 상태에서 [연결] 버튼을 누릅니다. [접속 가능한 모든 기기 표시]에 체크하면 COM포트 번호가 보입니다. [연결] 버튼을 누릅니다.

아두이노가 엠블록에 연결되면 [설정] 버튼을 눌러 펌웨어 업데이트를 1회 해줍니다. 초기에 업로드된 프로그램을 리셋하여 초기화합니다.

[업데이트] 버튼을 눌러 펌웨어를 업데이트합니다.

업데이트가 완료되면 [확인] 버튼을 누릅니다.

만일 아래 그림처럼 '장치가 분리되었습니다.'라는 메시지가 뜨면 다시 한번 장치를 연결
해 주면 됩니다.

엠블록 기초 학습 2장 Artificial Intelligence
ARDUINO

6. 확장블록 추가하기

mBlock 하단의 [확장] 버튼을 눌러 확장 블록을 추가할 수 있습니다.

확장 센터가 나타나면 스프라이트 확장과 디바이스 확장을 선택할 수 있습니다.

확장 블록의 종류로는 디바이스 확장과 스프라이트 확장이 있습니다.

디바이스 확장은 mBlock에서 기본으로 제공하는 아두이노 명령 블록 이외에 LCD, 네오픽셀, 컬러센서 같은 지원하지 않는 입출력장치를 제어할 수 있는 명령 블록을 추가할 때 사용합니다. 검색하기에서 "공공두이노"를 검색합니다.

검색결과 중 공공두이노를 추가합니다.

엠블록 기초 학습 2장

Artificial Intelligence
ARDUINO

다양한 입출력장치를 제어할 수 있는 블록 명령이 추가됩니다.

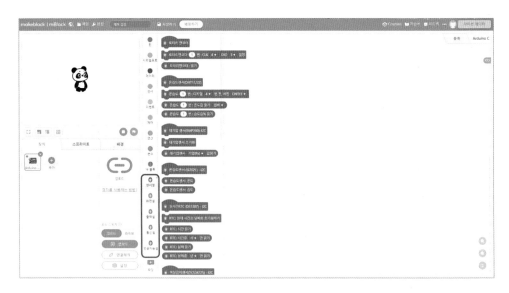

스프라이트 확장은 무대와 캐릭터를 제어할 때 추가 기능을 제공합니다. 기존의 번역,
TTS, 펜 기능 이외에 엠블록에서 자체 지원하는 인공지능과 데이터과학 서비스 등을 추
가로 사용하여 다양한 프로젝트가 가능합니다.

3장
아두이노 기초 학습

1. 아두이노란?

아두이노는 2005년 예술과 IT를 융합해 가르치던 이탈리아의 IDII(Interaction Design Institute Ivrea)라는 예술전문대학원에서 마시모 밴지(Massimo Banzi) 교수가 움직이는 예술작품을 만들 때 꼭 필요한 컴퓨터와 프로그래밍을 쉽게 사용하도록 만든 저렴한 전자교육용 제품입니다. 현재 전 세계 학교와 대학에서 교육용으로 활발히 사용되고 있으며, 기업에서도 아두이노를 이용하여 상품을 개발하고 있습니다. 아두이노와 관련 부품은 인간과 비교했을 때 다음과 같은 역할을 합니다.

아두이노로 만든 로봇

인간	하드웨어

아두이노 : 인간의 뇌 역할을 하며, 기억, 저장, 처리를 담당합니다.	
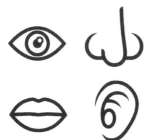	
센서, 디스플레이 : 인간의 눈 · 코 · 입 · 귀 역할을 하며, 감지, 통신을 담당합니다.	

모터 : 인간의 손발 역할을 하며, 운동을 담당합니다.	

2. 아두이노 사용법

아두이노는 사람으로 치면 뇌만 있는 것이기 때문에 오감에 해당하는 센서를 연결하고, 팔다리에 해당하는 모터 같은 출력장치를 연결해주어야 합니다. 바늘 같은 작은 핀이 달린 케이블로 입출력장치를 연결합니다.

Female: 암단자, F타입   Male: 수단자, M타입

모든 입출력장치는 전기가 필요하므로 (−)에 해당하는 GND(검은색 케이블), (+)에 해당하는 VCC(빨간색 케이블)로 전원을 공급합니다. 신호 전송을 위한 핀을 추가하여 최소 3핀을 연결할 수 있는 케이블이 필요합니다.

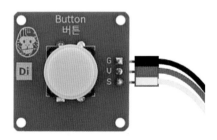

Artificial Intelligence
ARDUINO

여러 개의 입출력장치를 아두이노에 연결하기 위해서는 GND, VCC가 많아야 하지만 GND핀이 3개, VCC핀이 1개밖에 없어 브레드보드라는 회로구성 장치가 필요합니다.

아두이노

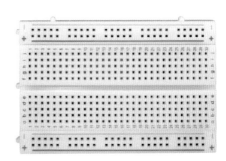
브레드보드

전자부품 또는 입출력장치를 브레드보드에 꽂고, 케이블로 아두이노와 연결해 회로를 구성합니다.

입출력장치 연결이 끝나면 프로그래밍으로 아두이노를 원하는 대로 동작시킵니다. 이때 '스케치'라 부르는 프로그램을 사용하여 코딩합니다. C언어 형태로 코딩을 하고, 아두이노에 작성한 프로그램을 아두이노에 업로드하여 아두이노를 동작시킵니다.

스케치 프로그램

3. 아두이노를 사용하는 이유

사용하기 어렵다는 아두이노의 단점을 해결하기 위해 보드의 모양과 커넥터를 변형하여 사용성을 개선한 많은 아두이노 호환 보드들이 출시되었습니다. 하지만 전용 입출력장치만 연결할 수 있고, 입출력장치 수도 적습니다. 따라서 다양한 창작품을 만들어 내기에 부족합니다.

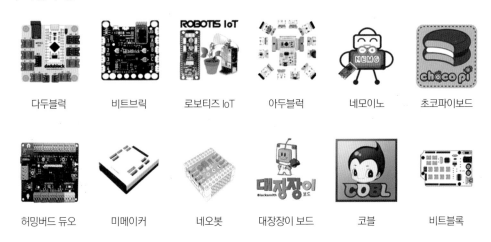

다두블럭　　비트브릭　　로보티즈 IoT　　아두블럭　　네모이노　　초코파이보드

허밍버드 듀오　　미메이커　　네오봇　　대장장이 보드　　코블　　비트블록

아두이노 호환 보드들

사용하기 매우 어렵지만 아두이노를 사용하는 이유는 범용성과 호환성, 자유도가 매우 좋기 때문입니다. 입출력장치를 연결하기는 어렵지만 사용하지 못하는 입출력장치가 없어 어떠한 아이디어도 수용할 수 있습니다.

4. 아두이노 쉽게 사용하기

일반적으로 아두이노는 입출력장치를 브레드보드라는 회로구성용 판을 이용해 연결합니다. 하지만 이것은 SW교육에서 가장 중요한 프로그래밍에 집중하기 어려운 실습 방법입니다. 따라서 입출력장치를 회로로 구성할 필요가 없게 구성하거나 다른 쉬운 방법을 찾아야 합니다. 아두이노 위에 2층으로 연결하여 사용하는 입출력확장 쉴드(shield)를 이용해 입출력장치를 쉽게 연결할 수 있습니다. 쉴드의 종류는 다음과 같이 매우 다양합니다.

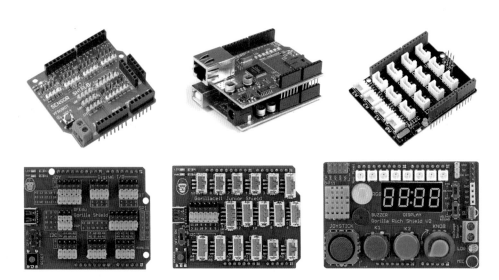

쉴드의 종류

쉴드를 사용하면 입출력장치 연결도 쉬워지며, 많은 입출력장치를 사용하여 프로젝트 진행이 가능합니다. 사용 가능한 입출력장치가 늘어날수록 학생들의 창의적인 아이디어를 모두 수용할 수 있게 됩니다. 이 책에서는 3, 4, 5핀을 모두 지원하는 센서쉴드를 선택하여 설명합니다.

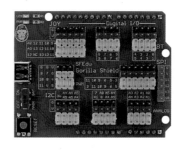

아두이노와 센서쉴드

아두이노에 많은 입출력장치를 쉽게 연결할 수 있는 센서쉴드를 부착하고, 입출력장치의 케이블 색을 맞춰 쉴드에 연결합니다. 아두이노를 (쉴드 + 케이블 + 센서 모듈) 조합으로 사용하면 범용성, 호환성, 자유도를 유지하며 매우 쉽게 사용할 수 있습니다.

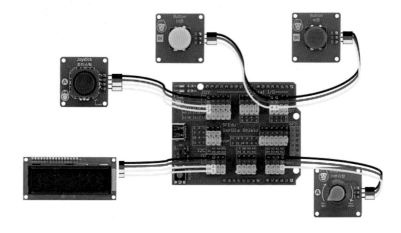

아두이노 기초 학습 3장

Artificial Intelligence
ARDUINO

5. 입출력장치의 종류와 연결 규칙

아두이노에 연결하는 입출력장치는 크게 입력장치와 출력장치로 구분합니다. 입력장치에는 버튼, 스위치, 빛센서, 온도센서 등이 있고, 출력장치에는 LED, LCD, 네오픽셀 같은 디스플레이와 서보모터, DC모터, 스텝모터, 버저 같은 구동장치, 그리고 와이파이, 블루투스 같은 통신 장치류가 있습니다.

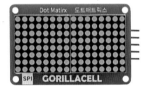

입출력장치 예시

각 입출력장치가 아두이노와 자료를 주고받는 방식을 입출력 인터페이스라고 합니다. 아두이노 입출력 인터페이스의 종류는 총 7가지가 있습니다.

입출력 인터페이스	설명	데이터값	예	핀 수
디지털 입력	ON/OFF 입력	0, 1	버튼	3
디지털 출력	ON/OFF 출력	0, 1	LED	3
아날로그 입력	다양한 값 입력	0~1,023	빛 센서	3
아날로그 출력(PWM)	다양한 값 출력	0~255	서보모터	3
I2C	1:N 통신	문자, 숫자	LCD	4
UART	시리얼 통신	문자, 숫자	블루투스	4
SPI	고속 1:N 통신	문자, 숫자	도트 매트릭스	5

입출력장치의 연결 핀은 전원을 공급하는 GND(−), VCC(+) 2개의 핀과 데이터를 전송하는 SIGNAL 핀으로 구성됩니다. SIGNAL 핀은 입출력장치에 따라 1~3개까지 늘어납니다. 따라서 모든 입출력장치를 지원하기 위해 쉴드에는 3, 4, 5핀으로 구성된 핀이 존재하게 됩니다.

쉴드에는 GVS(GND-VCC-SIGNAL) 순서로 핀이 배열되어 있으며, 7가지 인터페이스의 입출력장치를 연결하는 영역으로 구성되어 있습니다. 입출력장치의 인터페이스를 확인하고 해당 영역의 원하는 핀 번호에 연결합니다.

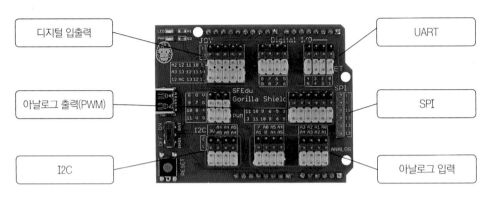

쉴드의 핀 영역

예를 들어 RGB LED는 아날로그 출력(PWM)을 사용합니다. 아날로그 출력 핀 번호는 3, 5, 6, 9, 10, 11번을 사용하는데 아날로그 출력 핀을 모아놓은 핀의 개수는 4열로 이루어져 있습니다. GND와 VCC, 그리고 3개의 시그널로 총 5개의 핀이 필요하므로 5핀을 제공하는 디지털 입출력 쪽의 9, 10, 11번 핀에 연결합니다.

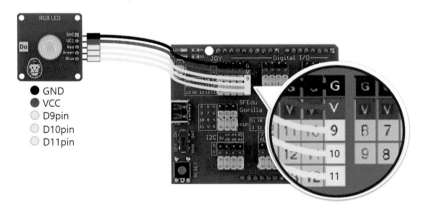

6. 디지털과 아날로그

아두이노에 연결하는 입출력장치에 대해 기본적으로 알아야 하는 것이 디지털과 아날로그의 의미입니다.

디지털은 0과 1의 두 가지 상태를 갖습니다. 입출력장치 중에 ON/OFF로 두 가지 상태만 입력하거나 출력하는 것을 디지털 입출력장치라고 합니다.

아날로그는 0~1,023 사이의 상태값을 갖습니다. 빛, 소리, 온도처럼 연속된 값을 아날로그라고 하는데 이러한 값을 입력받는 센서를 아날로그 입력장치라고 합니다.

정리하면 아래 표와 같습니다.

구분	아날로그 신호	디지털 신호
정의	빛, 소리 등과 같이 연속적으로 변하는 신호	특정한 값을 단위로 불연속적으로 변하는 신호
그래프 형태	곡선과 같이 연속적인 형태	막대 모양과 같이 불연속적인 형태
예	• 온도 변화에 따른 알코올 온도계의 눈금 변화 • 지진에 따른 지진계 바늘의 위치 변화	컴퓨터나 휴대 전화와 같은 현대 문명에서 사용되는 대부분의 신호
장점	세밀한 표현이 가능하다.	정보의 저장과 전달이 쉽고, 변형 없이 전달이 가능하다.
단점	신호를 전달할 때마다 신호가 변형될 수 있다.	원래의 정보를 그대로 기록하고 재생할 수 없다.

출력장치는 디지털 출력과 아날로그 출력이 동시에 가능합니다. 예를 들어 바퀴는 돌면 1, 멈추면 0으로 가정하여 디지털 출력으로 사용할 수도 있고, 빠르게 돌지, 느리게 돌지 여부처럼 아날로그 값으로 출력시켜야 하는 경우도 있습니다. 아날로그 출력을 다른 말로 PWM이라고 하며, 0~255 사이의 출력 값으로 나타낼 수 있습니다. 아두이노에서는 디지털 입출력 핀 중에 ~표시가 있는 핀 번호인 3, 5, 6, 9, 10, 11번이 아날로그 출력이 가능합니다.

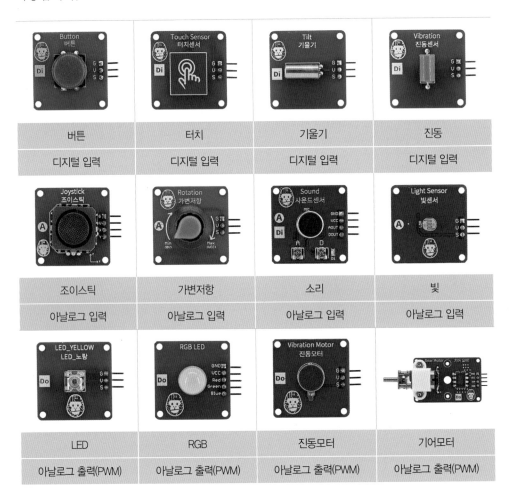

버튼	터치	기울기	진동
디지털 입력	디지털 입력	디지털 입력	디지털 입력

조이스틱	가변저항	소리	빛
아날로그 입력	아날로그 입력	아날로그 입력	아날로그 입력

LED	RGB	진동모터	기어모터
아날로그 출력(PWM)	아날로그 출력(PWM)	아날로그 출력(PWM)	아날로그 출력(PWM)

7. 사용할 입출력 장치

이 책에서 사용할 입출력장치를 알아보도록 하겠습니다. 입력장치 3개, 디스플레이 장치 6개, 출력장치 3개로, 총 12개의 입출력장치가 필요합니다.

• 입력 : RED Button, Blue Button, 초음파센서

• 디스플레이 : Red LED, 신호등 LED, RGB LED, 숫자표시장치(FND), LCD, OLED

• 출력 : 버저, 진동모터, 서보모터

버저	진동모터	서보모터
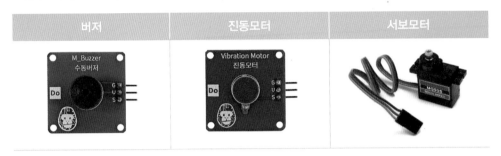		

입출력장치를 아두이노에 쉽게 연결할 수 있도록 쉴드를 아두이노에 결합합니다.

사용할 입출력장치를 원하는 핀 번호에 GVS 순서에 따른 케이블 색을 구분하여 잘 연결해 줍니다.

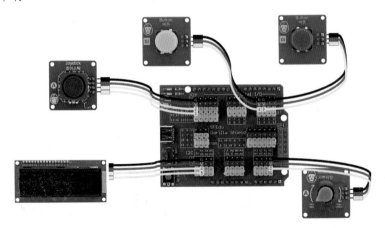

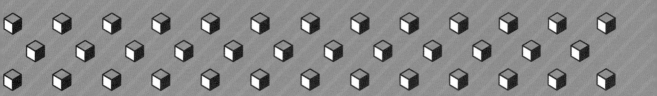

2편

인공지능을 위한
엠블록 프로젝트

2편부터 본격적으로 인공지능 엠블록 프로젝트를 제작하게 됩니다.
2편에서 우리는 인공지능과 관련된 프로젝트 6개를 제작합니다. 엠블록에서 제공하는
다양한 인공지능 서비스를 이용하여 실제로 인공지능이 어떻게 동작하는지 체험해봅니다.

학습목차

4장 가위바위보 게임 만들기

 활동 목표

• 기계학습을 이용하여 이미지를 학습시킬 수 있습니다.
• 기계학습을 이용하여 게임 프로그램을 작성할 수 있습니다.

활동 개요

• 가위바위보의 승리 규칙을 찾아 프로그램으로 나타내어 봅니다
• 기계학습의 이미지 학습을 활용하여 가위바위보의 손동작을 인식시키고, 이를 활용해 가위바위보 프로그램을 만들어 봅니다.

활동 정보

◁ 활동 형태

2인 1조
또는 개별수행

◁ 활동 시간

기본 활동 2시간

◁ 준비물

mBlock, 웹캠

◁ 실습 환경

PC 또는 노트북
사용이 가능한 곳
(인터넷 필요)

1. mBlock(엠블록)의 기본 블록 알아보기

이번 챕터의 학습을 위해 아래에 제시하는 블록의 쓰임에 대해 알아봅니다.

종류	블록	기능
형태	안녕! 을(를) 말하기	사용자가 입력한 문구를 스프라이트가 화면에서 말합니다.
이벤트	클릭했을 때	가장 많이 사용되는 블록으로, 깃발을 클릭했을 때 동작을 시작합니다.
	메시지1 ▼ 을(를) 받았을 때	해당 신호를 받았을 때 특정 동작을 합니다.
	메시지1 ▼ 을(를) 보내기	해당 신호를 보냅니다. 스프라이트에게 어떤 일을 언제 해야 하는지 알려줍니다.
제어	1 초 기다리기	특정 시간 동안 기다립니다.
	만약 이(가) 참이면 / 아니면	조건이 참일 때와 거짓일 때 각각의 블록이 실행됩니다.
연산	1 부터 10 사이 임의의 수	지정한 범위 내의 수에서 임의의 숫자를 고릅니다.
	= 50	두 값이 같은지 비교합니다.
변수	결과 ▼ 을(를) 0 로(으로) 설정하기	변숫값을 특정 값으로 설정합니다.
	가위바위보 에 1 을(를) 가위 번째에 삽입	리스트의 항목에 원하는 값을 추가합니다.
	가위바위보 ▼ 의 1 번째 항목	리스트의 항목의 값을 불러옵니다.

2. 배경 및 스프라이트 추가하기

배경 탭에서 가위바위보를 하는 장소를 추가하기 위해 ➕ 버튼을 누릅니다. 배경 저장소에서 'classroom'으로 검색하고, 가위바위보를 할 수 있는 배경을 추가합니다.

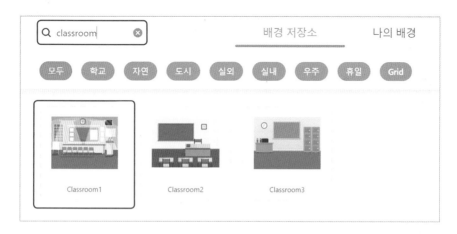

스프라이트를 추가하기 위해 먼저 스프라이트 탭에서 'Panda' 스프라이트를 지워줍니다. 'Panda' 스프라이트 오른쪽 상단에 있는 X표시를 클릭하면 됩니다.

스프라이트 탭에서 가위바위보에 사용할 스프라이트를 추가하기 위해 ➕ 버튼을 누릅니다. 스프라이트 저장소에서 'boy'와 'c-codey'로 검색한 후 캐릭터를 추가합니다.

가위바위보 게임 만들기 4장

Artificial Intelligence
ARDUINO

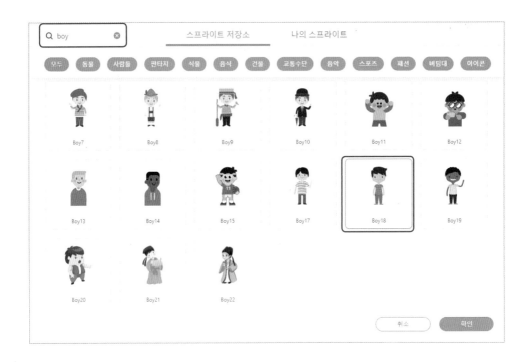

알아보기 쉽게 'C-codey'의 스프라이트 이름을 'computer', 'Boy18'의 스프라이트 이름을 'me'로 바꾸어줍니다.

3. 인공지능을 사용하기 위한 확장 블록 추가하기

인공지능의 다양한 서비스를 활용하기 위해 먼저 로그인합니다. 그러고 나서 팔레트 창에서 ➕(확장) 버튼을 클릭여 확장 센터에서 제공하는 서비스 중 기계학습과 Text to Speech를 추가합니다.

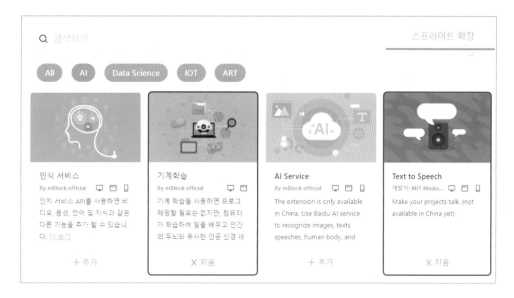

4. 방향인식 기계학습 수행하기

'me' 스프라이트에서 기계학습 버튼 을 누르고, 학습 모델 버튼을 클릭하여 손
모양으로 가위, 바위, 보를 인식할 수 있도록 기계학습을 수행합니다.

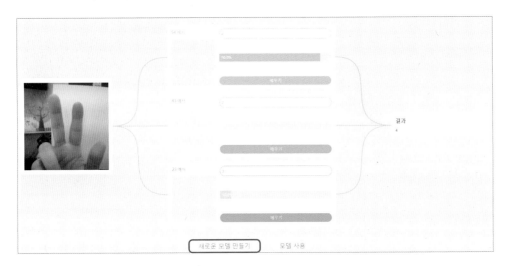

[새로운 모델 만들기] 버튼을 클릭하여 필요한 카테고리의 수를 정합니다. 전후좌우,
대기 상태까지 5개로 설정합니다.

레이블을 4로 하고 가위 손 모양을, 레이블을 2로 하고 바위 손 모양을, 레이블을 3으로 하고 보자기 손 모양을 학습시킵니다. 레이블을 가위, 바위, 보로 정해주는 이유는 리스트에 저장된 값을 활용하기 위해서입니다. 또 가위, 바위, 보의 레이블을 4, 2, 3으로 정한 이유는 판정 결과를 설명할 때 보충 설명을 하도록 하겠습니다.

위를 나타내는 손가락 모양을 카메라에 인식시키고, 배우기 버튼을 길게 꾹 눌러줍니다. 출력 결과 이름을 정해주고, 인식이 잘 될 때까지 예시 횟수를 증가시켜줍니다.

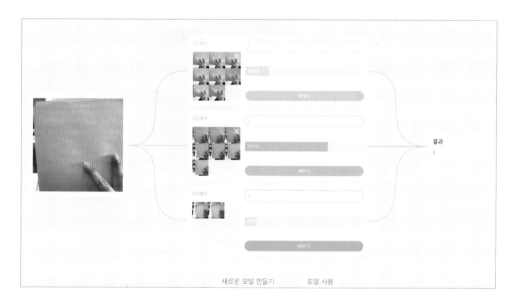

학습이 완료되면 결괏값이 잘 인식되는지 확인합니다.

'play button' 스프라이트를 추가합니다.

● 변수 팔레트에서 리스트 만들기 버튼을 클릭하여 '가위바위보'라는 리스트를 추가합니다.

'Play button' 스프라이트를 클릭했을 때 '가위바위보' 리스트의 모든 정보가 지워지도록 합니다.

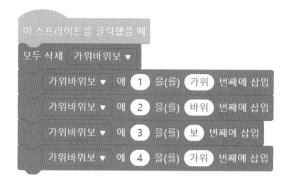

'가위바위보' 리스트의 1번 값에 '가위', 2번 값에 '바위', 3번 값에 '보', 4번 값에 '가위'를 입력합니다.

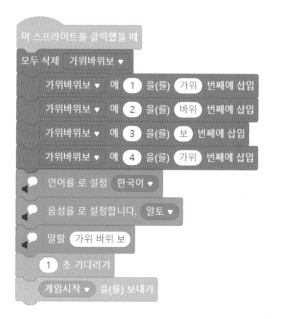

텍스트 음성 변환 카테고리의 명령 블록을 사용하여 '가위바위보'를 음성으로 이야기하고, 게임 시작 신호를 보내는 것으로 가위바위보 게임의 준비를 마칩니다.

6. 기계학습의 결과로 가위바위보 인식하기

'me' 스프라이트를 클릭한 후, 게임의 실행 방법을 알려주기 위해 [형태] → [말하기] 명령 블록을 활용해 아래와 같이 프로그래밍합니다.

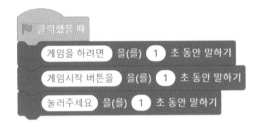

[변수 만들기] 버튼을 클릭하여 "나의 결과" 변수를 만듭니다.

게임 시작 신호를 받으면 손 모양을 인식한 결과를 변수에 저장합니다.

인식된 결과를 리스트 항목에서 찾아 스프라이트에 나타냅니다.

'computer' 스프라이트를 선택하여, [~이(가) 참일 때까지 기다리기] 명령 블록을 이용해 내가 가위바위보를 한 뒤에 컴퓨터가 가위바위보를 할 수 있도록 합니다.

"컴퓨터 가위바위보" 변수에 1부터 3까지의 숫자 중 임의의 수를 저장하고, 이 결과를 리스트에서 찾아 말한 후 스프라이트에 나타나도록 합니다.

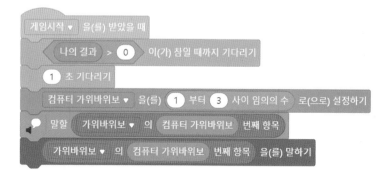

가위바위보 게임 만들기 4장 | Artificial Intelligence ARDUINO

7. 가위바위보 승리 판정하기

다음 표를 보고 가위바위보의 승리를 판단하는 조건을 생각해 봅시다.

컴퓨터 \ 나	가위(1)	바위(2)	보(3)	가위(4)
가위(1)	0	1	2	3
바위(2)		0	1	2
보(3)		-1	0	1

비긴 경우		이긴 경우		진 경우	

표를 통해 비긴 경우와 이긴 경우를 수식으로 나타내면 다음과 같이 나타낼 수 있습니다.

- 비긴 경우: (컴퓨터가 낸 수) = (내가 낸 수) 또는 (내가 낸 수/3의 나머지) = (컴퓨터가 낸 수)
- 이긴 경우: (내가 낸 수) − (컴퓨터가 낸 수) = 1
- 진 경우: 두 경우를 제외한 경우

수식을 명령 블록을 이용해 프로그램으로 나타내면 다음과 같이 나타낼 수 있습니다.

다음의 코드를 'computer' 스프라이트에 추가합니다.

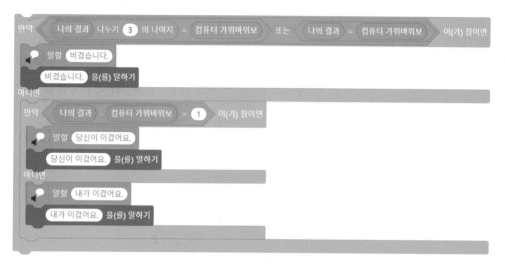

이제 프로그램을 실행시켜 컴퓨터와 가위바위보 게임을 진행해봅시다.

가위바위보 게임 만들기 **4장**

Artificial Intelligence
ARDUINO

<결과 화면>

게임시작 버튼을 누르고 웹캠을 통해 가위, 바위, 보 중 1가지 손 모양을 인식시킵니다.

내 손 모양을 인식한 결과 내가 컴퓨터를 이겼을 때

내 손 모양을 인식한 결과 컴퓨터가 나를 이겼을 때

5장 마스크 인식하기

활동 목표

· 기계학습을 이용하여 이미지를 학습시킬 수 있습니다.
· 기계학습을 이용하여 마스크 인식 프로그램을 작성할 수 있습니다.

활동 개요

· 기계학습을 이용하여 이미지를 인식시켜 마스크를 인식하는 프로그램을 만들어봅니다.
· 컴퓨터의 웹캠을 통해 마스크를 쓴 이미지와 쓰지 않은 이미지를 인식시키고 그 결과를 바탕으로 마스크를 쓰지 않은 사람이 웹캠에 인식되었을 때 경고가 울리게 만듭니다.

활동 정보

활동 형태

2인 1조
또는 개별수행

활동 시간

기본 활동 2시간

준비물

mBlock, 웹캠

실습 환경

PC 또는 노트북
사용이 가능한 곳
(인터넷 필요)

1. mBlock(엠블록)의 기본 블록 알아보기

이번 챕터의 학습을 위해 아래에 제시하는 블록의 쓰임에 대해 알아봅니다.

종류	블록	기능
● 형태	안녕! 을(를) 말하기	사용자가 입력한 문구를 스프라이트가 화면에서 말합니다.
○ 이벤트	클릭했을 때	가장 많이 사용되는 블록으로, 깃발을 클릭했을 때 동작을 시작합니다.
○ 제어	만약 이(가) 참이면	조건에 맞는다면 안에 있는 블록이 실행합니다.
	계속 반복하기	정지 명령을 받을 때까지 안에 있는 블록을 실행합니다.
[확장] 🔊 텍스트 음성 변환	말할 안녕하세요	텍스트를 음성으로 출력합니다.

2. 인공지능을 사용하기 위한 확장 블록 추가하기

인공지능의 다양한 서비스를 활용하기 위해 로그인합니다. 그러고 나서 팔레트 창에서

버튼을 클릭한 후에 확장 센터에서 제공하는 서비스 중 기계학습, Text to Speech
확장

를 추가합니다.

마스크 인식하기 5장

Artificial Intelligence
ARDUINO

3. 마스크 기계학습 수행하기

'me' 스프라이트에서 기계학습 버튼 ⬤ 을 누르고, 학습 모델 버튼을 클릭하여 마
    TM
스크를 쓴 모습을 인식할 수 있도록 기계학습을 수행합니다.

새로운 모델 만들기 버튼을 클릭하여 필요한 카테고리의 수를 정합니다. 'mask',
'nomask', 'empty'로 3개의 레이블을 정해줍니다.

배우기를 누른 후 마스크를 쓴 모습을 'mask'에, 마스크를 쓰지 않은 모습을 'nomask'에, 아무도 없는 모습을 'empty'에 학습시킵니다.

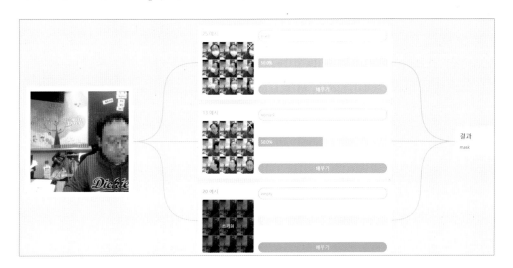

4. 기계학습의 결과로 마스크 인식하기

'Doctor1' 스프라이트를 추가하고 크기를 '200'으로 정해줍니다.

조건문 블록과 팔레트의 〈인식 결과는 mask ▼ 입니까?〉 블록을 활용해 마스크를 쓴 모습이 인식되었을 때 스프라이트가 "좋은 하루 보내세요"라고 말한 후, 음성으로 출력할 수 있도록 합니다.

마스크를 쓰지 않은 모습이 인식되었을 때 스프라이트가 "마스크를 착용해주세요"라고 말한 후, 음성으로 출력할 수 있도록 아래와 같이 명령 블록을 추가하여줍니다.

마스크 인식하기 **5장** Artificial Intelligence ARDUINO

5. 프로그램 실행하기

프로그램을 실행시킨 후 마스크를 쓰거나 쓰지 않은 모습에 따라 어떤 문장이 나오는지 확인해봅시다.

6장 열려라 참깨 문자 인식하기

 활동 목표

- 문자 인식 블록을 사용할 수 있습니다.
- 문자 인식 블록을 사용하여 다양한 프로그램을 작성할 수 있습니다.

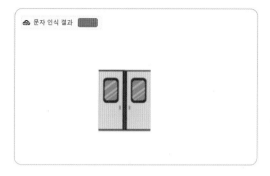

 활동 개요

- 문자 인식 블록을 사용하여 인식한 문장을 분석해봅니다.
- 문자 인식 블록을 사용하여 특정 단어를 인식하여 열리는 문을 만들어봅니다.

활동 정보

◁ **활동 형태**
2인 1조
또는 개별수행

◁ **활동 시간**
기본 활동 2시간

◁ **준비물**
mBlock, 웹캠

◁ **실습 환경**
PC 또는 노트북
사용이 가능한 곳
(인터넷 필요)

1. mBlock(엠블록)의 기본 블록 알아보기

이번 챕터의 학습을 위해 아래에 제시하는 블록의 쓰임에 대해 알아봅니다.

종류	블록	기능
● 형태	모양을 Door2 ▼ (으)로 바꾸기	스프라이트의 모양을 변경합니다.
● 이벤트	스페이스 ▼ 키를 눌렀을 때	스페이스 키를 눌렀을 때 동작을 시작합니다.
● 제어	만약 ◆ 이(가) 참이면	조건에 맞는다면 안에 있는 블록이 실행합니다.
● 연산	사과 에 a 이(가) 포함되어 있나요?	문자열에서 특정 문자를 찾습니다.
	그리고	두 조건이 모두 참일 때 1을 반환합니다.
[확장] 🌀 인식 서비스	한국어 ▼ 인식된 문자 2 ▼ 초간 인식	특정 언어로 적혀 있는 문자를 2초간 인식하는 블록입니다.

2. 스프라이트 추가하기

스프라이트 탭에서 자동문을 추가하기 위해  버튼을 누릅니다. 스프라이트 저장소에서 'door'로 검색하여, 자동문을 추가합니다.

버튼을 눌러 자동문을 편집합니다. 오른쪽 그림처럼 마우스 우클릭으로 자동문을 하나 더 복사합니다.

오른쪽 문을 옆으로 움직여 놓고 🖼️비트맵 변환 버튼을 눌러 이미지가 분리되도록 만든 후 다시 🖼️벡터 변환 버튼을 눌러 이미지를 하나로 합칩니다. 닫힌 문과 열린 문 스프라이트를 얻게 됩니다.

Artificial Intelligence
ARDUINO

3. 인공지능을 사용하기 위한 확장 블록 추가하기

인공지능의 다양한 서비스를 활용하기 위해 로그인합니다. 그리고 나서 팔레트 창에서

버튼을 클릭한 후에 확장 센터에서 제공하는 서비스 중 인식 서비스를 추가합니다.
확장

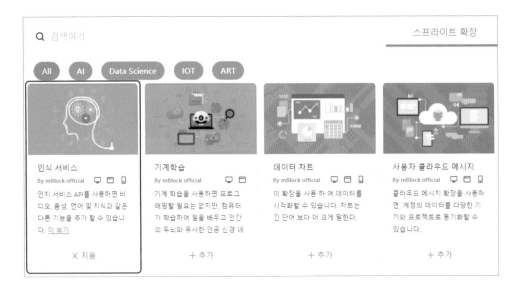

4. 문자 인식 서비스 사용하기

인공지능 서비스를 사용하려면 로그인이 필요하여, 하루에 최대 200번만 이용할 수 있습니다. 그러므로 스페이스 키를 눌렀을 때만 1번씩 작동하도록 아래 블록을 추가해줍니다.

스페이스 ▼ 키를 눌렀을 때

자동문의 모양을 닫혀 있는 모양으로 초기화합니다.

모양을 Door2 ▼ (으)로 바꾸기

한국어로 적힌 문자를 2초간 인식합니다.

한국어 ▼ 인식된 문자 2 ▼ 초간 인식

문자 인식 결과 체크박스를 체크합니다.

문자 인식 결과를 무대에서 확인할 수 있습니다.

한국어는 인쇄된 문자만 인식 가능합니다. 만약 필기체를 사용하고 싶다면 아래 블록을
사용하여 영어 필기체 인식이 가능합니다.

☁ 2 ▼ 초 동안 적혀진 영어 인식하기

🔵 팔레트에 있는 아래 블록을 사용하게 되면 인식된 문자에 원하는 문자가 포함되어
연산
있는지 알 수 있습니다.

☁ 문자 인식 결과 에 열려라 이(가) 포함되어 있나요?

5. 열려라 참깨 문자 인식하기

문자 인식을 통해 인식된 문자열에 특정 단어가 포함되어야 명령을 수행하는 간단한 응용 프로그램을 만들어볼 수 있습니다. 여기서는 "열려라", "참깨"가 포함되면 문을 열어주는 프로그램을 만들어봅시다.

문자 인식 결과	인쇄된 한글 문자를 인식하여 저장하고 있는 블록을 이용합니다.
사과 에 열려라 이(가) 포함되어 있나요?	연산 팔레트의 문자체크 명령 블록을 불러옵니다.
문자 인식 결과 에 열려라 이(가) 포함되어 있나요?	문자 인식 결과에 "열려라"가 포함되어 있는지 확인합니다.
문자 인식 결과 에 참깨 이(가) 포함되어 있나요?	문자 인식 결과에 "참깨"가 포함되어 있는지 확인합니다.
그리고	"열려라", "참깨" 조건을 둘 다 만족해야 문이 열리므로 '그리고' 블록을 사용합니다.

문자 인식 결과 에 열려라 이(가) 포함되어 있나요? 그리고 문자 인식 결과 에 참깨 이(가) 포함되어 있나요?

"열려라"와 "참깨"가 문자 인식 결과에 모두 포함되어 있을 경우 실행할 조건문을 불러옵니다.

만약 〈 ☁ 문자 인식 결과 〉에 〈 열려라 〉 이(가) 포함되어 있나요? 〉 그리고 〈 ☁ 문자 인식 결과 〉에 〈 참깨 〉 이(가) 포함되어 있나요? 〉 이(가) 참이면

스페이스 ▼ 키를 눌렀을 때
모양을 Door2 ▼ (으)로 바꾸기
☁ 한국어 ▼ 인식된 문자 2 초간 인식
만약 〈 ☁ 문자 인식 결과 〉에 〈 열려라 〉 이(가) 포함되어 있나요? 〉 그리고 〈 ☁ 문자 인식 결과 〉에 〈 참깨 〉 이(가) 포함되어 있나요? 〉 이(가) 참이면
　모양을 Door3 ▼ (으)로 바꾸기
　어서오세요~! 을(를) 2 초 동안 말하기

두 가지 조건을 모두 만족할 경우 자동문 모양을 열린문 모양으로 바꾸고, "어서오세요" 메시지를 출력합니다.

만약 〈 ☁ 문자 인식 결과 〉에 〈 열려라 〉 이(가) 포함되어 있나요? 〉 그리고 〈 ☁ 문자 인식 결과 〉에 〈 들깨 〉 이(가) 포함되어 있나요? 〉 이(가) 참이면
　모양을 Door2 ▼ (으)로 바꾸기
　문을 열어드릴 수 없습니다. 을(를) 2 초 동안 말하기

다른 문자가 인식되었을 때 실행할 조건식을 추가합니다.

열려라 참깨 문자 인식하기 6장 Artificial Intelligence ARDUINO

6. 프로그램 실행하기

스페이스 키를 누르고 웹캠을 통해 문자를 인식
시킵니다.

<결과 화면>

문자 인식 결과, 비밀문자가 포함되어 있지 않을
경우

문자 인식 결과, 비밀문자가 포함되어 있을 경우

7장 플래피 버드 게임 만들기

 활동 목표

• 인식 서비스를 사용할 수 있습니다.

• 인식 서비스를 이용하여 게임 프로그램을 작성할 수 있습니다.

 활동 개요

• 인식 서비스를 사용하여 얼굴을 인식해봅니다.

• 인식 서비스를 사용하여 장애물을 피하는 게임 프로그램을 만들어봅니다.

활동 정보

활동 형태
2인 1조 또는 개별수행

활동 시간
기본 활동 2시간

준비물
mBlock, 웹캠

실습 환경
PC 또는 노트북 사용이 가능한 곳 (인터넷 필요)

1. mBlock(엠블록)의 기본 블록 알아보기

이번 챕터의 학습을 위해 아래에 제시하는 블록의 쓰임에 대해 알아봅니다.

종류	블록	기능
형태	보이기 숨기기	스프라이트를 보이게 하거나 숨깁니다.
	색깔 ▼ 의 효과를 0 값으로 설정하기	스프라이트에 다양한 효과를 줍니다.
제어	만약 이(가) 참이면	조건에 맞는다면 안에 있는 블록이 실행됩니다.
	계속 반복하기	정지 명령을 받을 때까지 안에 있는 블록을 실행합니다.
	1 초 기다리기	특정 시간 동안 기다립니다.
	나 자신 ▼ 을 복제하기	오브젝트의 복사본을 만듭니다.
	이 복제본 삭제하기	오브젝트의 복사본을 지웁니다.
[확장] 인식 서비스	recognize facial blocking after 1 ▼ secs	카메라로 얼굴을 인식하여 얼굴에서 가려진 부분의 결과를 반환합니다.
	이마 ▼ being blocked?	이마가 가려졌는지 체크합니다.

2. 인공지능을 사용하기 위한 확장 블록 추가하기

인공지능의 다양한 서비스를 활용하기 위해 로그인합니다. 그리고 나서 팔레트 창에

🔲 버튼을 클릭한 후에 확장 센터에서 제공하는 서비스 중 인식 서비스를 추가합니다.
확장

플래피 버드 게임 만들기   **7장**   Artificial Intelligence
ARDUINO

3. 플래피 버드 게임 알아보기

플래피 버드 게임은 비행 물체가 장애물을 통과해야 하는 게임입니다. 이때 비행 물체에는 중력 가속도가 적용되어 점점 빠른 속도로 밑으로 내려오고, 다가오는 장애물 사이를 통과해야 하는 게임입니다. 게임에서 스프라이트가 움직이는 순서를 정리하면 다음 그림과 같습니다.

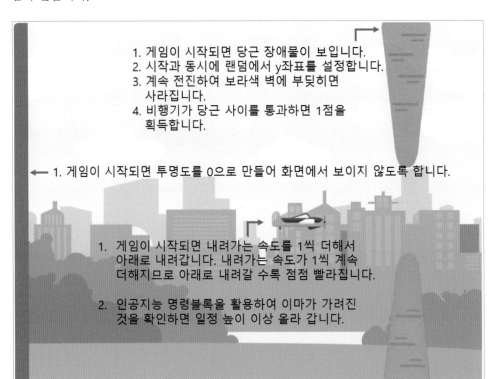

4. 플래피 버드 게임 만들기

스프라이트 탭에서 'panda' 스프라이트를 삭제하고, 비행기로 사용할 'airplane22' 스프라이트를 추가합니다. 배경 탭을 선택하고, 배경으로 'city8'을 추가합니다.

'airplane22' 스프라이트를 화면 중앙으로 옮기고, 크기를 50으로 바꾸어줍니다.

스프라이트	
Airplane22	
X	Y
11	10
크기	방향
50	90

플래피 버드 게임 만들기 **7장** | Artificial Intelligence ARDUINO

다시 스프라이트 탭으로 이동하여 장애물로 사용할 'Carrot2' 스프라이트를 추가한 후,
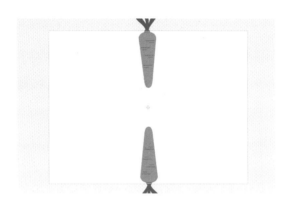 버튼을 클릭하여 'Carrot2'의 모양을 아래 그림과 같이 바꾸어줍니다.

스프라이트 추가 버튼을 클릭한 후, 그림판을 클릭합니다.

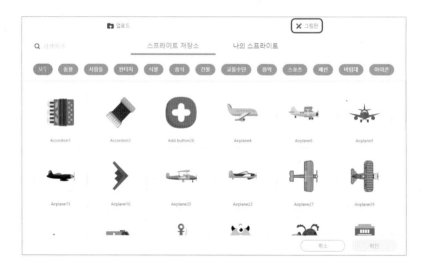

그림판에서 사각형 도구를 이용해 화면 끝까지 닿는 긴 직사각형 모양을 그린 후 'Empty'라는 이름으로 스프라이트를 추가해줍니다.

새로 만들어진 'Empty' 스프라이트를 화면 왼쪽 끝에 위치시킵니다.

플래피 버드 게임 만들기 **7장** | Artificial Intelligence ARDUINO

게임이 시작되었을 때 'Empty' 스프라이트가 보이지 않도록 다음과 같이 프로그래밍합니다.

비행기가 떨어지는 속도를 변화시키기 위해 "y축속도" 변수를 만들어줍니다.

'airplane22' 스프라이트를 선택한 후, 아래쪽으로 떨어지는 속도를 빠르게 하기 위해 다음과 같이 프로그래밍합니다.

얼굴 인식 서비스 명령 블록을 이용하여 이마가 가려졌을 때 'airplane22' 스프라이트가
위쪽으로 움직이도록 아래 그림과 같이 추가합니다.

'Carrot2' 스프라이트를 오른쪽 화면 끝으로 이동시켜줍니다.

"점수" 변수를 만들어줍니다.

'Carrot2' 스프라이트를 선택하여, 게임에 사용되는 장애물이 복제될 수 있도록 아래 그림과 같이 프로그래밍합니다. 장애물이 나오는 속도는 기다리기 명령 블록의 시간을 설정하여 조절할 수 있습니다.

장애물이 복제되었을 때 장애물의 높낮이를 바꾸기 위해 y좌푯값을 −42에서 45 사이의
임의의 값으로 정하고, 일정 속도로 이동할 수 있도록 그림과 같이 프로그래밍합니다.

장애물이 'Airplane22' 스프라이트에 부딪히면 게임이 끝나도록 메시지 신호를 보내고,
'Empty' 스프라이트에 부딪히면 장애물이 사라지도록 아래 그림과 같이 명령 블록을 추
가하여줍니다.

플래피 버드 게임 만들기 7장 Artificial Intelligence ARDUINO

'Airplane22' 스프라이트가 장애물을 통과했을 때 점수를 증가시키기 위해 'Carrot2' 스프라이트에 다음 블록을 추가합니다.

* 비행기가 장애물을 통과하면 둘 사이의 x좌푯값의 차이가 (−)값으로 바뀝니다.

스프라이트 탭에서 ⊕ 버튼을 클릭하여 그림판을 선택한 후 'GAME OVER'라는 글씨를 써줍니다.

GAME OVER

새로 추가된 스프라이트가 게임이 끝났다는 메시지를 받았을 때 'GAME OVER'라는 글자를 보여주고 프로그램을 정지할 수 있도록 아래 그림과 같이 프로그래밍합니다.

5. 프로그램 실행하기

실행 버튼을 누른 후 웹캠을 통해 얼굴의 이마를 보여주거나 손으로 이마를 가리면서 게임을 실행해봅니다.

더 알아보기

오리지널 플래피 버드 게임(아래 그림 참조)과 비교해 보고, 업그레이드해야 할 기능이 무엇인지 찾아봅시다.

플래피 버드 게임 만들기　7장　Artificial Intelligence ARDUINO

8장 긍정문/부정문 분석하기

활동 목표

- 인공지능 구문분석 블록을 사용할 수 있습니다.
- 인식 서비스 중 구문분석 블록을 이용해 다양한 프로그램을 작성할 수 있습니다.

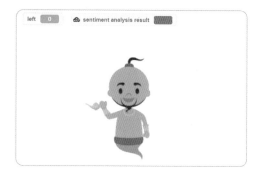

활동 개요

- 인식 서비스 중 구문분석 블록을 활용하여 우리가 일상적으로 사용하는 문장의 내용이 긍정적인지 부정적인지를 알아봅니다.
- LCD창에 번역된 문자의 결괏값이 나오게 하고, 번역된 문장이 왼쪽으로 흘러가도록 프로그램을 만들어봅니다.

활동 정보

활동 형태

2인 1조
또는 개별수행

활동 시간

기본 활동 2시간

준비물

mBlock, 웹캠

실습 환경

PC 또는 노트북
사용이 가능한 곳
(인터넷 필요)

1. mBlock(엠블록)의 기본 블록 알아보기

이번 챕터의 학습을 위해 아래에 제시하는 블록의 쓰임에 대해 알아봅니다.

종류	블록	기능
형태	안녕! 을(를) 말하기	사용자가 입력한 문구를 스프라이트가 화면에서 말합니다.
제어	계속 반복하기	정지 명령을 받을 때까지 안에 있는 블록을 실행합니다.
제어	만약 이(기) 참이면	조건에 맞는다면 안에 있는 블록이 실행합니다.
[확장] 인식 서비스	analyze 영어 ▼ text sentiment	입력한 문장을 분석하는 블록입니다.
[확장] 인식 서비스	sentiment analysis result	분석한 문장이 긍정문인지 부정문인지 결과를 저장하는 변수 블록입니다.
[확장] 번역하기	번역하기 안녕하세요 받는 사람 영어 ▼	해당 문구를 특정 언어로 번역합니다.
[확장] 텍스트 음성 변환	말할 안녕하세요	입력한 텍스트를 음성으로 말해줍니다.
[확장] 텍스트 음성 변환	음성을 로 설정합니다. 알토 ▼	말할 음성의 음색을 설정합니다.
[확장] 텍스트 음성 변환	언어를 로 설정 한국어 ▼	말할 음성의 언어를 설정합니다.

2. 인공지능을 사용하기 위한 확장 블록 추가하기

인공지능의 다양한 서비스를 활용하기 위해 로그인합니다. 그러고나서 팔레트 창에서
[확장] 버튼을 클릭한 후에 확장 센터에서 제공하는 서비스 중 AI 카테고리에서 인식 서
비스, 업로드 모드 브로드캐스트, Text to Speech, Translate를 추가합니다.

구문분석 블록과 구문분석 결과 블록을 지정하기는 아래처럼 인식 서비스에서 설정할
수 있습니다.

긍정문/부정문 분석하기　8장　Artificial Intelligence ARDUINO

스프라이트 창의 구문분석 블록에서 오른쪽 마우스를 클릭하면 결과를 다양한 방법으로 확인해볼 수 있습니다. '변수이름-변수값 보기'를 클릭하면 ①과 같은 결괏값을 볼 수 있고, '변수값 크게 보기'를 클릭하면 ②와 같이 볼 수 있습니다. 개인의 취향에 따라 선택하면 됩니다.

문서 분석 블록은 다양한 언어의 구문을 분석할 수 있습니다.

* 한국어는 아직 지원하지 않습니다.

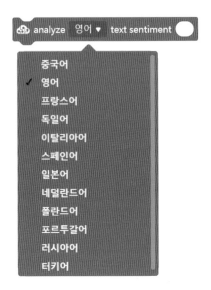

3. 캐릭터 모양 변경하기

스프라이트에서 기존 캐릭터를 선택한 후 (🐱 모양) 버튼을 클릭합니다. 그리고 모양 추가 버튼을 클릭 후 'Jinnee'를 검색하여 선택합니다.

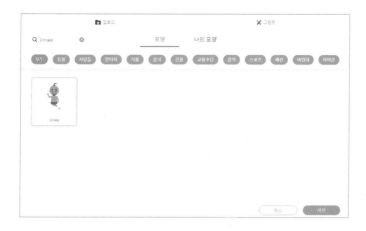

다양한 캐릭터를 추가합니다.

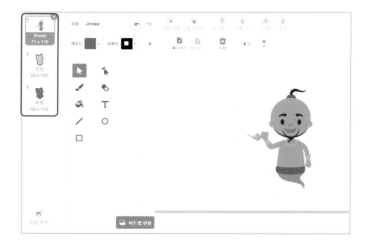

긍정문/부정문 분석하기 8장

Artificial Intelligence
ARDUINO

4. 스프라이트 코딩하기

깃발을 클릭했을 때 언어를 한국어로 설정합니다.

스프라이트 캐릭터의 모양을 Jinnee로 바꾸기 위해 블록을 추가합니다.

스페이스 키를 누르면 동작할 수 있도록 블록을 추가합니다.

음성을 테너 음을 내는 블록을 선택한 후, "번역하고 싶은 말을 이야기하실래요?"라고 물을 수 있도록 '묻고 기다리기' 블록을 붙여 대답한 내용을 말하도록 합니다.

'번역하기'에 대답한 것을 영어로 번역하게 만들고 업로드 모드 메시지에 값으로 만들어 보냅니다.

'번역하기'에 대답한 내용을 영어로 번역하여 텍스트를 말하도록 하고 내용을 말하기 블록에 추가합니다.

인식 서비스의 구문분석 블록에 대답을 영어로 번역하기 블록을 넣어 분석하도록 만듭니다.

Artificial Intelligence
ARDUINO

구문 분석 결과가 positive와 같으면 조건 블록을 만듭니다.

구문 분석 결과가 positive일 경우에는 캐릭터가 "당신은 항상 긍정적인 말을 하시는군요"라고 말하도록 하고 긍정 모양으로 바뀌도록 합니다.

구문 분석 결과가 negative일 경우에는 캐릭터가 "당신은 항상 부정적인 말을 하시는군요"라고 말하도록 하고 부정 모양으로 바뀌도록 합니다.

<완성된 Panda 스프라이트 프로그램>

```
클릭했을 때
언어를 로 설정  한국어 ▼
모양을  Jinnee ▼  (으)로 바꾸기
계속 반복하기
    만약  스페이스 ▼  키를 눌렀는가?  이(가) 참이면
        음성을 로 설정합니다.  테너 ▼
        번역하고 싶은 말을 이야기하실래요?  묻고 기다리기
        말할  대답
        업로드 모드 메시지 보내기  message  값으로  번역하기  대답  받는 사람  영어 ▼
        말할  번역하기  대답  받는 사람  영어 ▼
        번역하기  대답  받는 사람  영어 ▼  을(를) 말하기
        analyze  영어 ▼  text sentiment  번역하기  대답  받는 사람  영어 ▼
        1  초 기다리기
        만약  sentiment analysis result  =  positive  이(가) 참이면
            당신은 항상 긍정적인 말을 하시는군요  을(를) 말하기
            모양을  긍정 ▼  (으)로 바꾸기

        만약  sentiment analysis result  =  negative  이(가) 참이면
            당신은 항상 부정적인 말을 하시는군요  을(를) 말하기
            모양을  부정 ▼  (으)로 바꾸기
```

긍정문/부정문 분석하기 8장

Artificial Intelligence
ARDUINO

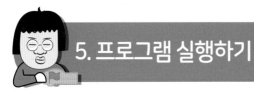

5. 프로그램 실행하기

녹색 깃발 모양의 실행 버튼을 클릭한 후 스페이스 키를 눌러 실행합니다.

캐릭터가 질문을 하면 원하는 문장을 입력합니다.

질문에 답한 문장을 영어로 번역하여 말합니다.

인공지능을 활용한 구문 분석으로 번역한 내용이 긍정적 말인지 부정적인 말인지를 캐릭터가 말합니다.

9장 기후 데이터 분석하기

활동 목표

- 기후 데이터 블록을 이용하여 자료를 분석할 수 있습니다.
- 기후 데이터 블록을 이용하여 다양한 프로그램을 작성할 수 있습니다.

활동 개요

우리가 자주 듣는 일기예보는 기후 데이터를 분석하여 예측한 결과입니다. 기후 데이터 블록을 활용하여 날씨와 공기 질 분석 프로그램을 만들어봅니다.

활동 정보

활동 형태

2인 1조
또는 개별수행

활동 시간

기본 활동 2시간

준비물

mBlock

실습 환경

PC 또는 노트북
사용이 가능한 곳
(인터넷 필요)

1. mBlock(엠블록)의 기본 블록 알아보기

이번 챕터의 학습을 위해 아래에 제시하는 블록의 쓰임에 대해 알아봅니다.

종류	블록	기능
형태	안녕! 을(를) 말하기	사용자가 입력한 문구를 스프라이트가 화면에서 말합니다.
이벤트	스페이스 ▼ 키를 눌렀을 때	스페이스 키를 눌렀을 때 동작을 시작합니다.
	이 스프라이트를 클릭했을 때	스프라이트를 클릭했을 때 동작을 시작합니다.
제어	1 초 기다리기	특정 시간 동안 기다립니다.
	계속 반복하기	정지 명령을 받을 때까지 안에 있는 블록을 실행합니다.
	만약 이(가) 참이면	조건에 맞는다면 안에 있는 블록이 실행합니다.
연산	+ - * / < = >	사칙연산 블록은 단순 계산에 사용되며, 등호 또는 부등호 표기가 있는 블록은 다양한 변수의 값을 비교하기 위해 사용됩니다.
[확장] 기후 데이터	도시 날씨 / 위치 공기 질 Aqi ▼ 인덱스	실시간 기후 데이터에 대한 빠른 액세스를 위해 사용됩니다.

2. 인공지능을 사용하기 위한 확장 블록 추가하기

인공지능의 다양한 서비스를 활용하기 위해 로그인합니다. 그리고 나서 팔레트 창에서

버튼을 클릭한 후에 확장 센터에서 제공하는 서비스 중 인식 서비스, 기후 데이터,
Translate를 추가합니다.

기후 데이터 분석하기 **9장**

Artificial Intelligence
ARDUINO

3. 간단한 방법으로 기후 데이터 확인하기

스페이스 키를 눌러 스프라이트를 실행시킵니다.

기후 데이터 중 날씨 블록을 선택합니다.

해당 도시의 날씨를 알아보기 위해 도시를 클릭하여 "서울"을 입력하고 "Seoul, Seoul, KR"을 선택합니다.

선택된 도시의 날씨 결과를 나타내기 위해 말하기 블록을 추가합니다.

말하기 블록에 날씨 블록을 추가한 후 스페이스 키를 눌러 실행합니다.

위의 블록을 실행하면 스프라이트가 서울의 날씨를 말합니다.

4. 한 단계 더 블록 추가해보기

서울의 초미세먼지 측정값을 알아보기 위해 공기 질 인덱스 블록을 추가하고 오후 2.5를 선택합니다.

*미세먼지(PM) 입자가 2.5µm 이하인 경우를 PM 2.5라고 하며, 초미세먼지를 의미합니다. 초미세먼지를 나타내는 'PM 2.5'가 '오후 2.5'로 잘못 번역되었습니다.

말하기 블록을 두 번 사용하기 위해서
1초 기다리기 블록을 중간에 추가합니다.
말하기 블록에 공기 질 블록을 추가해봅시다.

말하기 블록에 공기 질 블록을 추가한 후
스페이스 키를 눌러 실행합니다.

<결과 화면>

위의 블록을 실행하면 스프라이트가 서울의 날씨 결과(예 Partly Cloudy, 구름 조금)를 말하고, 1초 뒤 초미세먼지 측정 값(예 85)을 말합니다.

5. 스프라이트에서 다양하게 만들기

조건식을 이용한 프로그램을 만들어 보면 아래와 같이 프로그램을 만들 수도 있으며, 실행 결과는 화살표에 따라 두 가지로 나오게 됩니다.

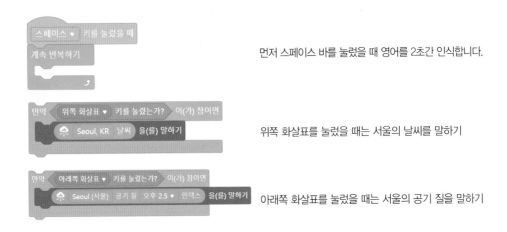

먼저 스페이스 바를 눌렀을 때 영어를 2초간 인식합니다.

위쪽 화살표를 눌렀을 때는 서울의 날씨를 말하기

아래쪽 화살표를 눌렀을 때는 서울의 공기 질을 말하기

그리고 프로그램을 만들어 보면 아래와 같이 프로그램을 만들 수도 있으며, 실행 결과는 두 가지로 나오게 됩니다.

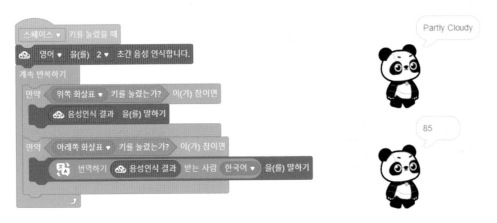

6. 기후 데이터를 활용한 공기 질 예보 프로그램 만들기

공기 질 지수(AQI)란 사람에게 영향을 미치는 공기 오염 정도에 대한 척도입니다. 공기 질 지수가 높을수록 공기의 질이 나빠 사람들의 건강에 나쁜 영향을 줄 가능성이 큼을 의미합니다. 지금까지 배운 내용을 응용하여 공기 질 지수(AQI)를 이용하여 공기 질 예보 프로그램을 만들어봅시다.

1. 배경 및 스프라이트 변경

이 프로그램에 필요 없는 Panda 스프라이트를 삭제합니다.

우리나라 지도를 배경으로 사용하기 위해 배경 탭에서 모양 메뉴를 클릭합니다.

지도 이미지를 추가하기 위해 가운데 하단에 있는 배경 추가 버튼을 클릭합니다.
(배경을 추가하기 위해서는 미리 지도 이미지 파일이 내 PC에 저장되어 있어야 합니다.)

배경 추가

좌측 상단 업로드 메뉴에서 미리 저장해둔 지도 이미지를 업로드합니다.
* 예제 소스파일에 포함된 '우리나라 지도.png' 파일을 사용하면 됩니다.

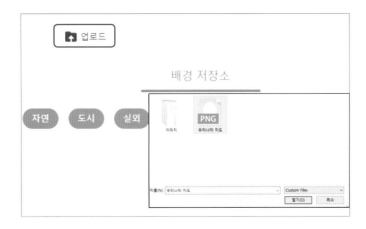

업로드한 이미지는 나의 배경에 추가됩니다.
추가된 우리나라 지도 이미지를 선택한 후 확인 버튼을 클릭합니다.

기존에 있었던 배경 이미지는 삭제합니다.

지도의 각 지역을 구분하기 위해 스프라이트를 추가합니다.

우측 상단에서 그림판을 클릭합니다.

기후 데이터 분석하기 **9장**

Artificial Intelligence
ARDUINO

도구 모음 중 원 도구로 지역에 해당하는 스프라이트(원)를 그려서 추가합니다.

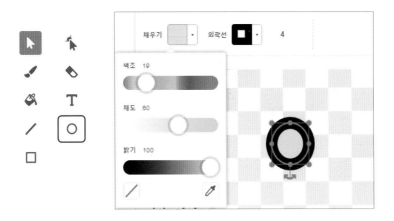

스프라이트 이름을 "서울"로 변경합니다.

2. 프로그래밍하기

● 변수 팔레트에서 변수 만들기 를 클릭하여 "AQI" 변수를 추가합니다.

'이 스프라이트를 클릭했을 때' 실행시키도록 합니다.

서울의 공기 질 지수를 알아보기 위해 공기 질 인덱스 블록을 추가하고 Aqi를 선택합니다.

기후 데이터 분석하기 9장 Artificial Intelligence ARDUINO

"AQI" 변수를 서울의 공기 질 지수로 설정합니다.

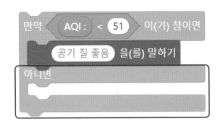

공기 질 지수가 51 미만이면 "공기 질 좋음"을 말하도록 합니다.

공기 질 지수가 51 미만이 아닌, 블록들은 '아니면' 아래 영역에 추가합니다.

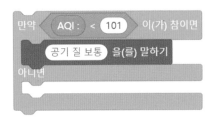

공기 질 지수가 51 이상 101 미만이면 "공기 질 보통"을 말하도록 합니다.

같은 방법으로

공기 질 지수가 101 이상 151 미만이면 "공기 질이 민감한 사람한테 건강에 해로움"

공기 질 지수가 151 이상 201 미만이면 "공기 질이 건강에 해로움"

공기 질 지수가 201 이상 301 미만이면 "공기 질이 매우 건강에 해로움"

공기 질 지수가 301 이상이면 공기 질이 위험"을 말하도록 합니다.

<완성된 서울 스프라이트 프로그램>

기후 데이터 분석하기 9장

Artificial Intelligence
ARDUINO

"서울" 스프라이트를 선택하여 마우스 오른쪽 버튼을 눌러 복사한 후, 그 외 지역에 대한 스프라이트를 추가합니다.
(부산, 대구, 인천, 광주, 대전, 울산, 세종, 경기도, 강원도, 충청북도, 충청남도, 전라북도, 전라남도, 경상북도, 경상남도, 제주도)

각 스프라이트마다 해당 지역으로 변경합니다.

추가한 스프라이트는 해당 지역 위치로 이동시킵니다.

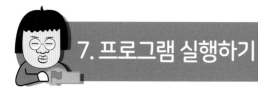

7. 프로그램 실행하기

<결과 화면>

녹색 깃발 모양의 실행 버튼을 클릭한 후 스프라이트 중 하나를 클릭하면 상단에 공기
질 지수(AQI)가 수치로 나타나며 스프라이트가 현재 공기 질에 대해 알려줍니다.

Artificial Intelligence
ARDUINO

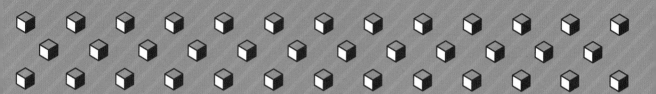

3편

인공지능을 위한
아두이노 프로젝트

2편에서 엠블록에서 제공하는 인공지능 서비스를 이용해 다양한 프로젝트를 실습해보았습니다.

3편에서 우리는 아두이노를 연결하여 엠블록에서 코딩한 내용을 바탕으로 아두이노에서 동작하는 다양한 인공지능 아두이노 프로젝트를 실습해봅니다.

 학습목차

10장 레이디버그 게임 만들기

🐼 활동 목표

- 기계학습을 이용하여 데이터를 분석할 수 있습니다.
- 기계학습을 이용하여 게임 프로그램을 작성할 수 있습니다.

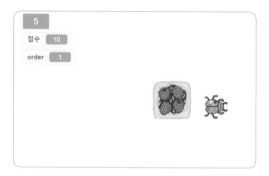

🐼 활동 개요

- 기계학습으로 사람의 동작을 인식하여 캐릭터를 조종하는 게임 프로그램을 만들어봅니다.
- 무작위로 위치를 변경하면서 이동하는 과자를 게임 캐릭터가 먹을 때마다 버저가 울리면서 빨간불이 깜박거리도록 만듭니다.

🐼 활동 정보

◁ **활동 형태**

2인 1조
또는 개별수행

◁ **활동 시간**

기본 활동 2시간

◁ **준비물**

mBlock, 아두이노,
쉴드, 웹캠, LED,
버저

◁ **실습 환경**

PC 또는 노트북
사용이 가능한 곳
(인터넷 필요)

1. mBlock(엠블록)의 기본 블록 알아보기

이번 챕터의 학습을 위해 아래에 제시하는 블록의 쓰임에 대해 알아봅니다.

종류	블록	기능
동작	90 도 방향 보기	스프라이트가 특정 방향을 보도록 회전합니다.
	5 만큼 움직이기	스프라이트를 특정 거리만큼 이동합니다.
이벤트	클릭했을 때	가장 많이 사용되는 블록으로, 깃발을 클릭했을 때 동작을 시작합니다.
제어	10 번 반복하기	안의 블록을 원하는 횟수만큼 반복합니다.
	1 초 기다리기	특정 시간 동안 기다립니다.
	계속 반복하기	정지 명령을 받을 때까지 안에 있는 블록을 실행합니다.
	만약 이(가) 참이면	조건에 맞는다면 안에 있는 블록이 실행합니다.
연산	1 부터 10 사이 임의의 수	지정한 범위 내의 수에서 임의의 숫자를 고릅니다.
	= 50	두 값이 같은지 비교합니다.
변수	결과 ▾ 을(를) 0 로(으로) 설정하기	변숫값을 특정 값으로 설정합니다.
	결과 ▾ 을(를) 1 만큼 변경하기	변숫값을 특정 값으로 변경합니다.
[확장] 핀	∞ 디지털 핀 9 번에 출력 high ▾ 으로 설정하기	장치로 디지털 값을 출력합니다.
	∞ pWM 핀 5 에 출력 0 로 설정	장치로 아날로그 값을 출력합니다.

2. 인공지능을 사용하기 위한 확장 블록 추가하기

인공지능의 다양한 서비스를 활용하기 위해 로그인합니다. 그러고 나서 팔레트 창에서

버튼을 클릭한 후에 확장 센터에서 제공하는 서비스 중 기계학습을 추가합니다.

확장

레이디버그 게임 만들기 10장 | Artificial Intelligence ARDUINO

3. 스프라이트 추가하기

스프라이트 탭에서 레이디버그를 추가하기 위해 스프라이트 탭에서 ⊕ 버튼을 누릅니다. 스프라이트 저장소에서 'lady'를 검색하고, 레이디버그 캐릭터를 추가합니다.

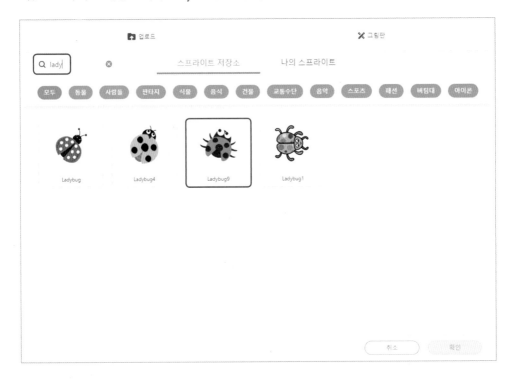

무대의 크기에 비해 레이디버그가 크기 때문에 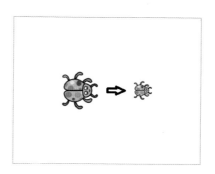 형태 팔레트에서 크기를 100 % 로 정하기 크기 정하기 블록을 선택합니다. 이 블록 안의 숫자를 '100'에서 '50'으로 변경한 후 블록을 더블클릭하면 크기가 절반으로 줄어듭니다.

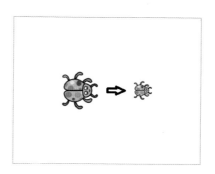

스프라이트 탭에서 레이디버그가 잡아먹을 음식을 추가하기 위해 스프라이트 탭에서 추가 버튼을 누릅니다. 스프라이트 저장소에서 음식 탭을 클릭하고, 원하는 음식을 추가합니다.

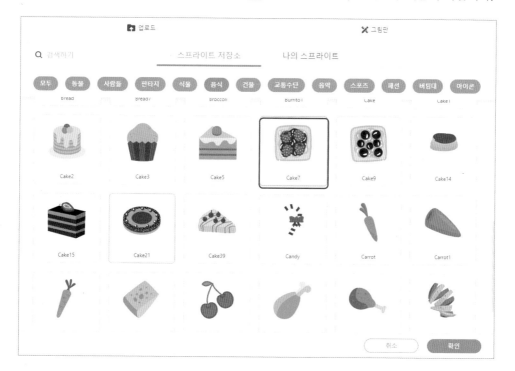

레이디버그 게임 만들기 10장

Artificial Intelligence
ARDUINO

무대의 크기에 비해 케이크가 크기 때문에 형태 팔레트에서  블록을 선택합니다. 이 블록 안의 숫자를 '100'에서 '50'으로 변경한 후 블록을 더블클릭하면 크기가 절반으로 줄어듭니다.

4. 방향인식 기계학습 시키기

레이디버그 스프라이트를 선택합니다.  (기계학습) 팔레트에서 　학습 모델　 버튼을 클릭하여 방향을 인식할 수 있도록 기계학습을 수행합니다.

[새로운 모델 만들기] 버튼을 클릭하여 필요한 모델 카테고리의 수를 5개(위, 아래, 오른쪽, 왼쪽, 대기)로 정합니다.

위를 나타내는 손가락 모양을 카메라에 인식시키고, [배우기] 버튼을 길게 꾹 눌러줍니다. 출력 결과의 이름을 정해주고, 인식이 잘 될 때까지 예시 횟수를 증가시킵니다.

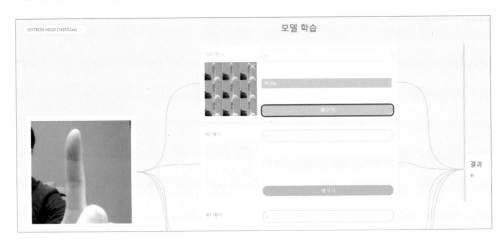

5가지 모델(위, 아래, 오른쪽, 왼쪽, 대기)에 대해 기계학습을 수행합니다. 학습이 완료되면 결괏값이 잘 인식되는지 확인합니다.

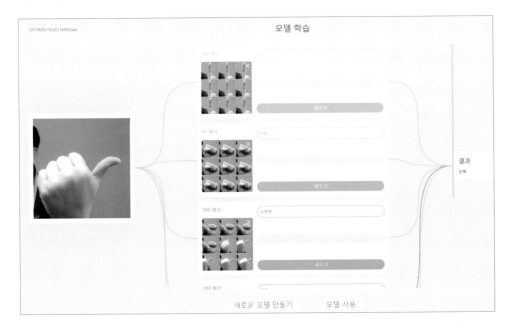

5. 기계학습 인식 결과로 레이디버그 조종하기

깃발을 클릭했을 때 스프라이트를 실행시킵니다.

계속 반복하며 인식 결과를 입력받습니다.

● 변수 팔레트에서 변수 만들기 버튼을 클릭하여 "결과" 변수를 생성합니다.

레이디버그 게임 만들기 10장

Artificial Intelligence
ARDUINO

"결과" 변수에 손모양 인식 결과를 저장할 수 있도록 설정합니다.

"결과" 변수에 저장된 인식 결과가 "위"일 경우 실행할 조건식을 만듭니다.

방향 보기를 0도로 설정합니다.
그리고 5만큼 움직이기 블록을 추가합니다.

위쪽 방향으로 레이디버그를 움직이는 명령이 완성되면 나머지 아래쪽, 왼쪽, 오른쪽 조건식에 따라 방향을 설정하는 명령을 추가합니다.

전후좌우 방향 제어 명령이 완성되면 깃발을 클릭해 실행시켜 손가락 모양에 따라 레이디버그가 방향대로 잘 움직이는지 테스트해봅니다.

레이디버그 게임 만들기 10장

Artificial Intelligence
ARDUINO

6. 케이크 스프라이트 움직이기

깃발을 클릭했을 때 스프라이트를 실행시킵니다.

다시 변수 팔레트에서 [변수 만들기] 버튼을 클릭하여 "점수" 변수를 생성합니다. 레이디버그가 케이크를 먹을 때마다 1점씩 점수를 올릴 때 사용합니다.

"점수" 변수를 0으로 초기화시킵니다.

원하는 만큼 반복하며 게임의 횟수를 결정합니다.

장치에 점수를 획득했다는 것을 알려주기 위한 "order" 변수로 평상시엔 0으로 설정합니다.

케이크가 좌표평면에서 임의의 위치로 움직이도록 X좌표의 범위를 정해줍니다.

x좌표를 -200 부터 200 사이 임의의 수 (으)로 정하기

케이크가 좌표평면에서 임의의 위치로 움직이도록 Y좌표의 범위를 정해줍니다.

y좌표를 -150 부터 150 사이 임의의 수 (으)로 정하기

케이크가 일정 시간 기다려주는 시간을 측정하기 위해 타이머를 사용하여 초기화합니다.

타이머 초기화

"결과" 변수에 저장된 인식 결과가 "위"일 경우 실행할 조건식을 만듭니다.

레이디버그 게임 만들기 **10장** | Artificial Intelligence ARDUINO

레이디버그에 닿거나 시간이 초과될 때까지 기다리게 합니다.

레이디버그에 닿았을 때 점수를 올려주기 위한 조건식을 만듭니다.

조건식 안에서 점수를 1점씩 올려준다.

장치에 점수를 획득했다는 것을 알려주기 위해 "order" 변수를 1로 바꿔주고, 장치가 작동할 수 있도록 0.3초의 지연 시간을 줍니다.

깃발을 클릭해 실행시키면 점수를 0으로 초기화하고, 케이크가 위치를 20번 옮겨 갈 동안 기계학습으로 레이디버그를 조종해서 점수를 올리게 됩니다. 이때 케이크를 먹으면 점수를 1점씩 올리면서 장치에 신호를 전달합니다.

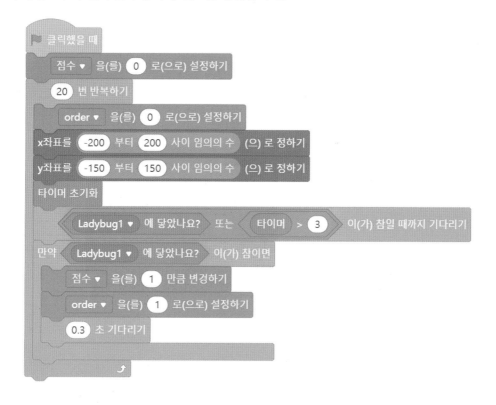

7. 입출력장치 연결하기

<아두이노에 LED 연결하기>

LED를 디지털 9번 핀에 연결합니다.

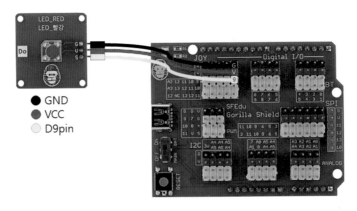

<아두이노에 버저 연결하기>

버저를 디지털 3번 핀에 연결합니다.

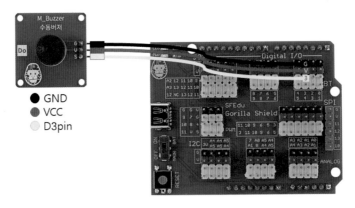

8. 아두이노와 연결하기

모드 스위치에서 업로드 또는 라이브를 선택한 후 연결을 클릭합니다.

이번 실습에서는 왼쪽 그림처럼 라이브를 선택한 후 연결을 해보겠습니다.

USB 케이블을 아두이노에 연결한 후 [접속 가능한 모든 기기 표시]를 선택하면 연결 가능한 COM포트의 번호가 나타납니다.

* 상황에 따라 COM포트의 번호는 변경될 수 있습니다.

레이디버그 게임 만들기 10장

Artificial Intelligence
ARDUINO

9. 아두이노 장치 코딩하기

깃발을 클릭했을 때 아두이노를 실행시킵니다.

계속 반복하며 출력을 기다립니다.

조건식을 이용하여 "order" 변수가 1일 경우에 출력 장치를 작동시킵니다.

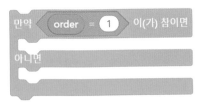

점수를 획득했을 경우 9번 핀에 연결된 빨간색 LED를 켜고, 3번 핀에 연결된 버저에 소리를 출력합니다.

점수를 획득하지 않았을 때는 9번 핀에 연결된 빨간색 LED를 끄고, 3번 핀에 연결된 버저에 소리를 출력하지 않습니다.

깃발을 클릭해 프로그램을 실행하게 되면 아두이노는 계속 대기 상태를 유지하며 "order" 변수가 1이 될 때마다 LED와 버저를 출력하여 점수를 획득했음을 사용자에게 알려줍니다.

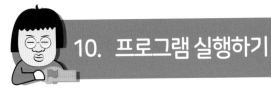

10. 프로그램 실행하기

깃발 모양의 실행 버튼을 클릭하면 인식창이 자동으로 열리게 되고, 손가락으로 레이디버그를 조종하여 20회의 게임을 즐길 수 있습니다.

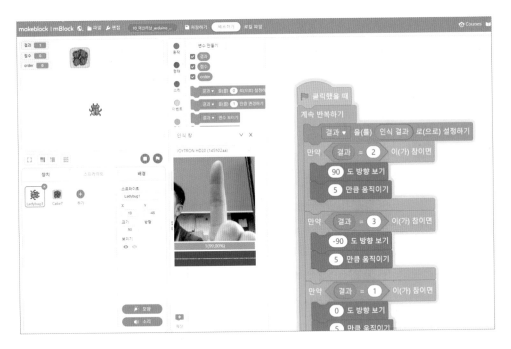

레이디버그가 케이크를 먹으면 빨간불이 켜지게 됩니다.

11장 얼굴 나이 측정하기

활동 목표

- 인공지능 나이 인식 블록을 사용할 수 있습니다.
- 나이 인식 블록을 활용해 다양한 프로그램을 작성할 수 있습니다.

활동 개요

- 나이 인식 블록을 사용하여 나이를 인식해봅니다.
- 나이 인식 블록을 활용해 동안인지 알아보는 프로그램을 만들어봅니다.

활동 정보

◁ 활동 형태	◁ 활동 시간	◁ 준비물	◁ 실습 환경

2인 1조 또는 개별수행	기본 활동 2시간	mBlock, 아두이노, 쉴드, 숫자표시장치	PC 또는 노트북 사용이 가능한 곳 (인터넷 필요)

1. mBlock(엠블록)의 기본 블록 알아보기

이번 챕터의 학습을 위해 아래에 제시하는 블록의 쓰임에 대해 알아봅니다.

종류	블록	기능
형태	안녕! 을(를) 2 초 동안 말하기	사용자가 입력한 문구를 특정 시간 동안 스프라이트가 화면에서 말합니다.
	안녕! 을(를) 말하기	사용자가 입력한 문구를 스프라이트가 화면에서 말합니다.
이벤트	클릭했을 때	가장 많이 사용되는 블록으로, 깃발을 클릭했을 때 동작을 시작합니다.
	메시지1 ▼ 을(를) 받았을 때	해당 신호를 받았을 때 특정 동작을 합니다.
	메시지1 ▼ 을(를) 보내기	해당 신호를 보냅니다. 스프라이트에게 어떤 일을 언제 해야 하는지 알려줍니다.
제어	계속 반복하기	정지 명령을 받을 때까지 안에 있는 블록을 실행합니다.
	만약 이(가) 참이면	조건에 맞는다면 안에 있는 블록이 실행합니다.
관찰	당신의 이름은 무엇입니까? 묻고 기다리기 / 대답	블록 안에 입력된 문자를 스프라이트가 말풍선으로 말하고 그 밑에 입력하는 창이 생깁니다. 그 입력창에 입력하고 대답 변수에 그 값이 저장됩니다.
연산	< 50	첫 번째 수가 두 번째 수보다 작은 수인지 비교합니다.
	사과 와(과) 바나나 을(를) 결합한 문자열	두 문자열을 결합합니다.

종류	블록	기능
변수	나이 ▼ 을(를) 0 로(으로) 설정하기	변숫값을 특정 값으로 설정합니다.
[확장] 인식 서비스	1 ▼ 초 후, 사람 나이 인식하기	일정 시간 후 사람의 나이를 인식합니다.
	나이 인식 결과	나이 인식 결과를 나타냅니다.
[확장] 업로드 모드 브로드캐스트	업로드 모드 메시지를 수신할 때 message	아두이노에 프로그램 업로드 후 아두이노로 부터 메시지를 수신할 때 사용합니다.
	업로드 모드 메시지 보내기 message 값으로 1 업로드 모드 메시지 값	스프라이트와 아두이노가 서로 신호를 주고받 을 때 일정한 값을 가지고 신호를 보냅니다.
[확장] 화면 셀	FND 1 번 : 전원 : 켜기 ▼	7세그먼트의 전원을 켜줍니다.
	FND 1 번 : 디지털 CLK 5 ▼ , DIO 4 ▼ 번 번으로 설정	7세그먼트의 연결 핀 번호를 지정합니다.
	FND 1 번 : 0 출력하기:나머지0채우기 끄기 : 0.1 초 대기	7세그먼트에 표시되는 숫자를 지정합니다. 7세그먼트에는 정숫값만 표시됩니다.

Artificial Intelligence
ARDUINO

2 인공지능을 사용하기 위한 확장 블록 추가하기

인공지능의 다양한 서비스를 활용하기 위해 로그인합니다. 그러고 나서 팔레트 창에서
![확장] 버튼을 클릭한 후에 확장 센터에서 제공하는 서비스 중 인식 서비스와 업로드 모드
브로드캐스트를 추가합니다.

3. 나이 인식 프로그램 만들기

스프라이트 탭에서 'panda' 스프라이트를 삭제한 후,  버튼을 누릅니다. 스프라이트 저장소에서 'doctor'를 검색하여, 'Doctor' 스프라이트를 추가하고 크기를 '200'으로 정합니다.

얼굴 나이 측정하기 **11장** | Artificial Intelligence **ARDUINO**

앞의 방식으로 'Yellow button' 스프라이트를 추가하고 크기를 '80'으로 정합니다. 또한 배경 탭에서 추가 버튼을 누른 후 배경 저장소에서 'kitchen'으로 검색하여 'Kitchen1'이라는 배경 화면을 추가합니다.

'Yellow button' 스프라이트를 선택한 후, 이 스프라이트를 클릭했을 때 프로그램이 시작 메시지를 보내도록 아래 그림과 같이 프로그래밍합니다.

'Doctor' 스프라이트를 선택하여 프로그램의 시작 방법을 알려주는 명령을 아래 그림과
같이 추가합니다.

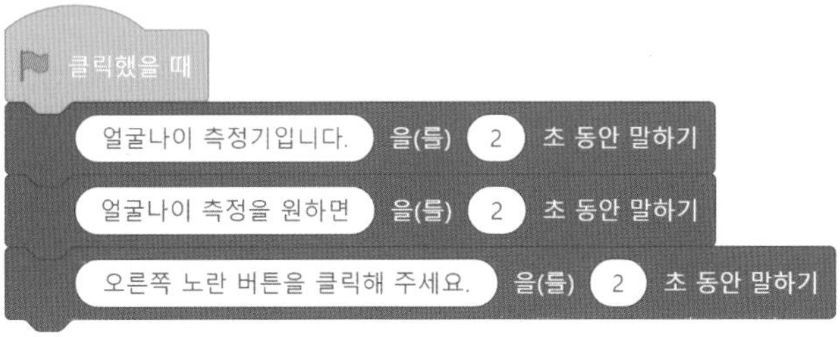

'Doctor' 스프라이트를 선택하여 나이를 묻고, 얼굴의 나이를 인식하도록 합니다. 인식
된 나이의 결과를 나이 변수에 저장합니다.

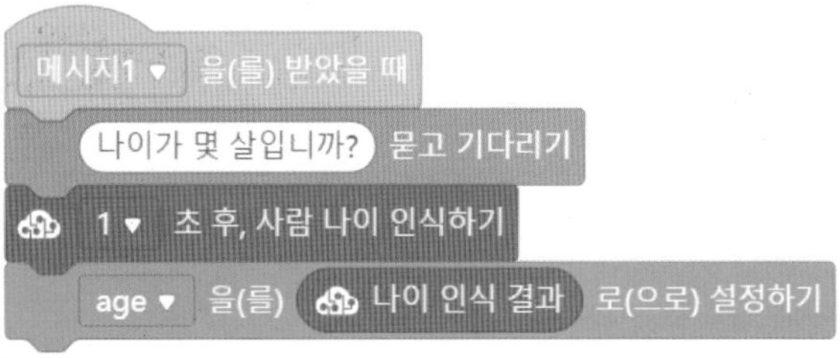

'나이'라는 새 메시지를 만들고, 나이 메시지를 보냅니다.

Artificial Intelligence
ARDUINO

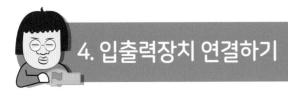

4. 입출력장치 연결하기

<아두이노에 숫자표시장치 연결하기>

숫자표시장치를 디지털 3번 핀과 4번 핀에 연결합니다

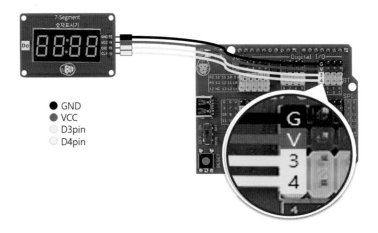

● GND
● VCC
○ D3pin
○ D4pin

5. 아두이노 연결하기

모드 스위치에서 업로드 또는 라이브를 선택한 후 연결을 클릭합니다.
이번 실습에서는 오른쪽 그림처럼 업로드를 선택한 후 연결해보겠습니다.

USB 케이블을 아두이노에 연결한 후 [접속 가능한 모든 기기를 표시]를 선택하면 연결 가능한 COM포트의 번호가 나타납니다.

* 상황에 따라 COM포트의 번호는 변경될 수 있습니다.

장치 탭을 선택한 후  버튼을 눌러 '공공두이노' 확장 블록을 추가합니다. 검색하기에서 '공공'으로 검색하면 쉽게 찾을 수 있습니다.

얼굴 나이 측정하기 11장

Artificial Intelligence
ARDUINO

6. 아두이노 장치 코딩하기

'나이' 메시지를 받았을 때 내가 입력한 나이와 인공지능이 인식한 나이를 비교하여 내가 입력한 나이보다 인식한 나이가 적으면 '동안입니다'를 말하고, 아니면 나이만 표시하도록 프로그래밍합니다. 또 쉴드의 FND에 나이가 나타나도록 '업로드 모드 메시지 보내기' 명령 블록을 이용해 쉴드에 'age' 변숫값을 이용해 'age' 라는 메시지를 보내도록 합니다.

'화면 셀' 팔레트의 명령 블록 중 'FND 4digit' 명령 블록을 이용해 프로그램이 아두이노에 업로드되었을 때 7세그먼트(FND)를 사용할 수 있도록 다음과 같이 프로그래밍합니다.

변수 팔레트에서 변수 만들기 버튼을 클릭하여 'age1'이라는 변수를 추가합니다.

쉴드가 'age' 메시지를 받으면 7세그먼트의 전원을 켜고, 데이터 팔레트의[( )으로 변환(정수)] 명령 블록을 활용해 메시지로 받은 'age' 변수의 값을 정숫값으로 바꾸어줍니다. 그리고 7세그먼트에 나잇값을 표시하도록 다음과 같이 프로그래밍합니다.

7. 프로그램 실행하기

<결과 화면>

녹색 깃발 모양의 실행 버튼을 클릭하고 'Yellow button' 스프라이트를 클릭한 후 'Doctor' 스프라이트가 "나이가 몇 살입니까"라고 질문하면 본인의 나이를 키보드로 입력합니다. 그러면 웹캠을 통해 얼굴로 나이를 인식하고 'Doctor' 스프라이트가 인식된 나이를 알려줍니다.

또한 숫자표시장치에 인식된 나이가 표시됩니다.

12장 통역 프로그램 만들기

🐼 활동 목표

• 인공지능 음성 인식을 이해할 수 있습니다.
• 인식 서비스 중 음성 인식 블록을 활용해 다양한 프로그램을 작성할 수 있습니다.

🐼 활동 개요

• 음성 인식 블록을 사용하여 말하는 음성을 영어로 인식하고, 한국어로 번역해봅니다.
• 음성을 인식하면 아두이노의 RGB LED가 파란색으로 바뀌고, 번역이 완료되면 빨간색으로 바뀌는 프로그램을 만들어봅니다.

🐼 활동 정보

◁ 활동 형태

2인 1조
또는 개별수행

◁ 활동 시간

기본 활동 2시간

◁ 준비물

mBlock, 웹캠,
아두이노,
쉴드, RGB LED

◁ 실습 환경

PC 또는 노트북
사용이 가능한 곳
(인터넷 필요)

1. mBlock(엠블록)의 기본 블록 알아보기

이번 챕터의 학습을 위해 아래에 제시하는 블록의 쓰임에 대해 알아봅니다.

종류	블록	기능
형태	안녕! 을(를) 말하기	사용자가 입력한 문구를 스프라이트가 화면에서 말합니다.
이벤트	클릭했을 때	가장 많이 사용되는 블록으로, 깃발을 클릭했을 때 동작을 시작합니다.
	스페이스 ▾ 키를 눌렀을 때	스페이스 키를 눌렀을 때 동작을 시작합니다.
제어	계속 반복하기	정지 명령을 받을 때까지 안에 있는 블록을 실행합니다.
	만약 이(가) 참이면	조건에 맞는다면 안에 있는 블록이 실행합니다.
연산	= 50	두 값이 같은지 비교합니다.
[확장] **핀**	∞ 디지털 핀 9 번에 출력 low ▾ 으로 설정하기	해당 디지털 핀의 출력을 low(꺼짐)와 high(켜짐)로 선택할 수 있습니다.
[확장] **번역하기**	번역하기 안녕하세요 받는 사람 한국어 ▾	해당하는 문구를 특정 언어로 번역합니다.
[확장] **인식 서비스**	영어 ▾ 을(를) 2 ▾ 초간 음성 인식합니다.	특정 언어의 음성을 정해진 시간 동안 인식합니다.
	음성인식 결과	음성 인식된 결과를 나타내는 블록으로, 이 블록으로 다양한 결과를 나타내도록 만들어줍니다.

2. 인공지능을 사용하기 위한 확장 블록 추가하기

인공지능의 다양한 서비스를 활용하기 위해 로그인합니다. 그리고 나서 팔레트 창에서

 버튼을 클릭한 후에 확장 센터에서 제공하는 서비스 중 인식 서비스, Translate를

추가합니다.

3. 음성 인식 서비스 사용하기

음성 인식 결과를 선택합니다.

스프라이트 창의 음성 인식 결과에서 마우스 오른쪽 버튼을 클릭하면 결과를 다양한 방법으로 볼 수 있는 옵션이 나옵니다. '변수이름−변수값 보기'를 클릭하면 ①과 같은 결괏값을 볼 수 있고, '변수값 크게 보기'를 클릭하면 ②와 같이 볼 수 있습니다. 개인의 취향에 따라 선택하면 됩니다.

음성 인식을 통해 변역을 하기 위해서 영어로 설정합니다.

간단한 단어의 음성 인식을 하기 위해 2초로 설정합니다. 만약 문장을 이야기할 때는
5초 혹은 10초를 설정해도 됩니다.

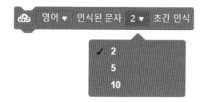

통역 프로그램 만들기 12장 Artificial Intelligence ARDUINO

음성 인식을 위해 웹캠을 설정합니다.

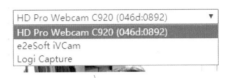

마이크 설정을 하기 위해 다양한 종류 중 원하는 것을 선택합니다.

일반적으로 마이크 또는 웹캠으로 입력하는 음성은 아래와 같은 파장으로 나타냅니다.

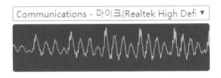

음성 인식 블록을 실행시켰을 경우 아래와 같이 음성의 파장을 인식합니다.

스페이스 키를 눌러 스프라이트를 실행시킵니다.

2초 동안 음성 인식을 위해 아래 블록을 선택합니다.

음성 인식한 결과를 보기 위해 말하기 블록을 추가합니다.

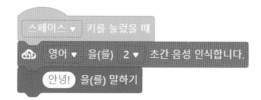

말하기 블록에 음성 인식 결과 블록을 추가한 후 스페이스 키를 눌러 "Monkey"를 말합니다.

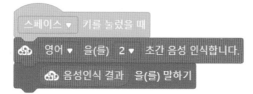

스페이스 키를 누른 후 웹캠 또는 마이크에 영어로 말한다면 스프라이트가 음성 인식한 결과를 출력합니다.

<결과 화면>

'몽키(monkey)'라고 말해봅시다.

'애플(apple)'이라고 말해봅시다.

5. 한 단계 더 블록 추가해보기

번역하기를 통해 우리가 음성 인식한 내용을 한국어로 번역해봅시다.

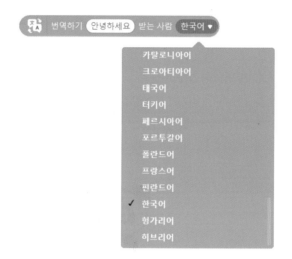

말하기 블록에 번역하기 블록을 넣고 번역하기 블록에 음성 인식 결과 블록을 추가합니다.

통역 프로그램 만들기 **12장** | Artificial Intelligence **ARDUINO**

음성 인식을 통해 "Apple"을 말한 후, '번역하기'에서 한국어로 번역하기 위해 스페이스 키를 누릅니다.

"Apple"을 음성 인식시키면 번역하기를 통해 "사과"라고 번역된 결과를 알 수 있습니다.

6. 스프라이트에서 다양하게 만들어보기

위, 아래 화살표 키를 이용하여 음성 인식된 결과와 번역된 결과를 사용할 수 있도록 만들어봅니다. 그러면 각 화살표의 조건을 출력해줄 블록이 필요할 것입니다. 여기서 사용되는 블록이 조건 블록입니다.

간단하게 조건 블록에 대해 배워봅시다.

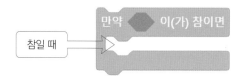

조건 블록으로 ◆ 안의 조건식이 참일 때만 조건 블록 안에 있는 내용을 수행합니다.

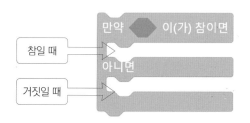

조건 블록으로 위의 조건 블록과 달리 ◆ 안의 조건식이 참일 때와 거짓일 때는 구분하여 실행합니다. 이 조건에는 항상 참 또는 거짓일 때 블록의 내용을 실행해야 한다는 차이가 있습니다.

여기에서는 위쪽 화살표를 클릭할 때와 아래쪽 화살표를 클릭할 때 각 조건에 따른 작업을 하기 위해 위 조건 중 참일 때만 실행하는 블록을 사용하기로 합니다.

그리고 프로그램을 만들어보면 아래와 같이 만들 수도 있으며, 실행결과는 두 가지로 나오게 됩니다.

Artificial Intelligence
ARDUINO

<결과 화면>

영어로 말하고 위쪽 화살표 키를 눌렀을 때 인식한 내용을 스프라이트가 말합니다.

영어로 말하고 아래쪽 화살표 키를 눌렀을 때 인식한 내용을 한국어로 번역하여 스프라이트가 말합니다.

7. 입출력장치 연결하기

<아두이노에 RGB LED 연결하기>

RGB LED를 디지털 9번 핀, 10번 핀, 11번 핀에 연결합니다.

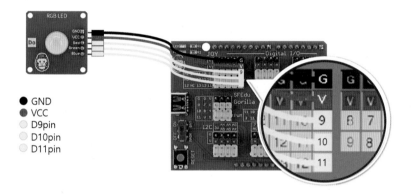

● GND
● VCC
○ D9pin
○ D10pin
○ D11pin

통역 프로그램 만들기 12장

Artificial Intelligence
ARDUINO

8. 아두이노와 연결하기

아두이노와 스프라이트를 연동하기 위해서는 몇 가지 방법이 있으나 여기에서는 변수를
이용하여 라이브로 작동시켜봅니다. 물론 아두이노의 작동 방법에는 업로드와 라이브를
통한 두 가지 작동 방법이 있습니다.

장치 탭에서 추가 버튼을 클릭합니다.

장치 라이브러리에서 Arduino Uno를 클릭합니다.

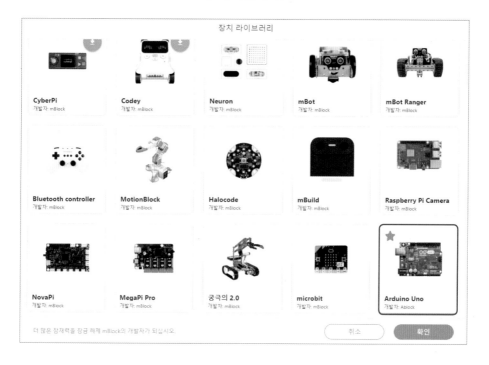

모드 스위치에서 업로드 또는 라이브를 선택한 후 연결을 클릭합니다.
이번 실습에서는 왼쪽 그림처럼 라이브를 선택하여 연결해보겠습니다.

통역 프로그램 만들기 **12장**

Artificial Intelligence
ARDUINO

USB 케이블을 아두이노에 연결한 후 [접속 가능한 모든 기기를 표시]를 선택하면 연결 가능한 COM포트의 번호가 나타납니다.

* 상황에 따라 COM포트의 번호는 변경될 수 있습니다.

9. 아두이노 장치 코딩하기

● 팔레트에서 변수 만들기 버튼을 클릭하여 '번역하기'와 '음성인식'이라는 변수를
변수
추가합니다.

변수 만들기

☑ 번역하기
☑ 음성인식

번역하기 ▼ 을(를) 0 로(으로) 설정하기

번역하기 ▼ 을(를) 1 만큼 변경하기

번역하기 ▼ 변수 보이기

번역하기 ▼ 변수 숨기기

리스트 만들기

아두이노를 동작시키기 위해 앞에서 우리가 만들어본 스프라이트를 다시 확인합니다.

스페이스 ▼ 키를 눌렀을 때

영어 ▼ 을(를) 2 ▼ 초간 음성 인식합니다.

계속 반복하기

만약 위쪽 화살표 ▼ 키를 눌렀는가? 이(가) 참이면

음성인식 결과 을(를) 말하기

만약 아래쪽 화살표 ▼ 키를 눌렸는가? 이(가) 참이면

번역하기 음성인식 결과 받는 사람 한국어 ▼ 을(를) 말하기

만든 변수 블록을 추가할 때 각 변수 설정하기를 통해 지정하고 변수의 값을 1로 설정합니다.

RGB LED에서 9번 핀을 빨간색, 10번 핀을 녹색, 11번 핀을 파란색으로 저장한 후, low로 설정합니다. low란 모두 불이 꺼지도록 한 것입니다.

예를 들어 디지털 핀에서 9번 핀을 high로 설정하면 RGB LED의 빨간 불을 켜기로 설정한 것입니다.

음성 인식 값이 1일 경우 파란 불이 1초 동안 켜지게 됩니다.

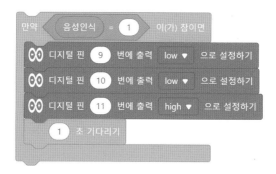

음성 인식 값이 1일 경우 파란 불을 1초 동안 켜고 음성 인식 변수를 0으로 설정합니다.

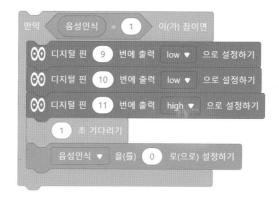

통역 프로그램 만들기 12장

Artificial Intelligence
ARDUINO

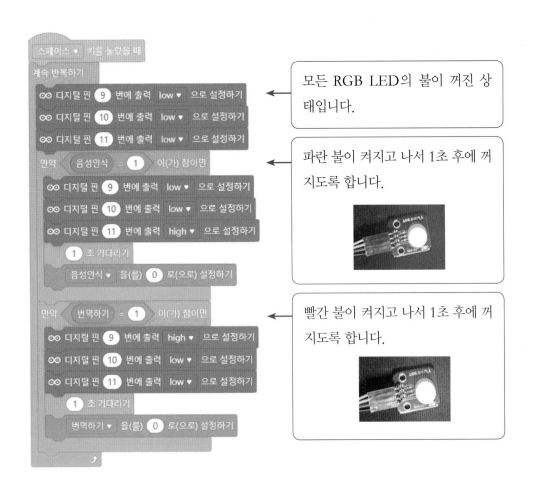

모든 RGB LED의 불이 꺼진 상태입니다.

파란 불이 켜지고 나서 1초 후에 꺼지도록 합니다.

빨간 불이 켜지고 나서 1초 후에 꺼지도록 합니다.

위쪽 방향키를 누르면 팬더 스프라이트가 영어로 인식한 단어를 말하고, 인식이 완료되었다는 표시로 RGB LED에서 파란 불이 1초 동안 켜진 후 꺼집니다.

아래쪽 방향키를 누르면 팬더 스프라이트가 한글로 번역한 단어를 말하고, 인식이 완료되었다는 시각적 표시로 RGB LED에서 빨간 불이 1초 동안 켜진 후 꺼집니다.

Artificial Intelligence
ARDUINO

13장

초음파로 성별 구분하기

활동 목표

- 인공지능 성별 인식 기능을 이용할 수 있습니다.
- 피지컬 컴퓨팅 장치를 이용하여 인식 서비스를 작동시킬 수 있습니다.

활동 개요

- 초음파로 거리를 측정하여 설정해 놓은 위치에 얼굴이 인식되면 빨간 불이 꺼지면서 인식하기 적당한 위치임을 알려줍니다.
- 빨간 버튼을 누르면 인식 서비스의 성별 인식 명령을 수행하고, 파란 버튼을 누르면 초기화시켜 다시인식할 수 있게 합니다.

활동 정보

 활동 형태	 활동 시간	 준비물	 실습 환경
2인 1조 또는 개별수행	기본 활동 2시간	mBlock, 웹캠, 아두이노, 쉴드, RGB LED, 초음파센서, 빨간 버튼, 파란 버튼	PC 또는 노트북 사용이 가능한 곳 (인터넷 필요)

1. mBlock(엠블록)의 기본 블록 알아보기

이번 챕터의 학습을 위해 아래에 제시하는 블록의 쓰임에 대해 알아봅니다.

종류	블록	기능
● 형태	안녕! 을(를) 말하기	사용자가 입력한 문구를 스프라이트가 화면에서 말합니다.
● 제어	계속 반복하기	정지 명령을 받을 때까지 안에 있는 블록을 실행합니다.
	만약 ◆ 이(가) 참이면	조건에 맞는다면 안에 있는 블록이 실행합니다.
[확장] 인식 서비스	1 ▼ 초 후, 성별 인식하기	일정 시간 후 성별을 인식합니다.
	성별 인식 결과	성별 인식 결과를 저장하는 변수입니다.
[확장] ● 업로드 모드 브로드캐스트	업로드 모드 메시지를 수신할 때 message	아두이노에 프로그램 업로드 후 아두이노로부터 메시지를 수신할 때 사용합니다.
[확장] ● 센서	디지털 핀 읽기 4	디지털 입력 명령으로 해당 핀의 디지털 값을 읽습니다.
	디지털 핀 9 번에 출력 high ▼ 으로 설정하기	해당 디지털 핀의 출력을 low(꺼짐)와 high(켜짐)로 선택할 수 있습니다.
[확장] ● 핀	초음파센서 (Trig 8 핀, Echo 7 핀) 읽기	Trig 핀과 Echo 핀에 연결된 초음파센서의 값을 읽습니다.

2. 인공지능을 위한 인식 서비스 설정하기

인공지능의 다양한 서비스를 활용하기 위해 로그인합니다. 그러고 나서 팔레트 창에서 버튼을 클릭한 후에 확장 센터에서 제공하는 서비스 중 인식 서비스, 업로드 모드 브로드캐스트를 추가합니다.

Artificial Intelligence
ARDUINO

3. 성별 인식 서비스 사용하기

다음은 '성별 인식 결과' 변수의 체크박스를 설정하는 방법입니다.

무대의 성별 인식 결과 변수에서 마우스 오른쪽 버튼을 클릭하면 결과를 크게 다양한 방법으로 볼 수 있습니다. '변수이름-변수값 보기'를 클릭하면 ①과 같은 결괏값을 볼 수 있고 '변수값 크게 보기'를 클릭하면 ②와 같이 볼 수 있습니다.

성별 인식 시간을 1초, 2초, 3초로 설정할 수 있습니다.

인식 창   ⌄   ✕

성별 인식을 위한 웹캠을 설정합니다.

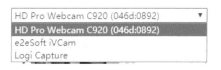

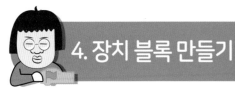

4. 장치 블록 만들기

초음파센서 블록의 Trig를 8번 핀으로, Echo를 7번 핀으로 설정합니다.

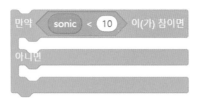 팔레트에서 [변수 만들기] 버튼을 클릭하여 'sonic'이라는 이름의 변수를 만들고
초음파센서를 설정합니다.

> sonic ▾ 을(를) ∞ 초음파센서 (Trig ⑧ 핀, Echo ⑦ 핀) 읽기 로(으로) 설정하기

If-Else문을 사용하여 초음파센서 값 10cm기준으로 조건을 나눕니다. 얼굴이 10cm가
넘어가면 인식하기 적당하지 않아 빨간불을 켜주고, 10cm미만이 되면 인식하기 적당한
거리이기 때문에 빨간불을 꺼주게 됩니다.

> 만약 〈 sonic < ⑩ 〉 이(가) 참이면
>
> 아니면

10cm 미만일 경우 RGB LED의 9번 핀 빨간 불이 꺼지도록 하고 10cm 이상일 경우에
는 빨간 불이 켜집니다.

> 만약 〈 sonic < ⑩ 〉 이(가) 참이면
>   ∞ 디지털 핀 ⑨ 번에 출력 low ▾ 으로 설정하기
> 아니면
>   ∞ 디지털 핀 ⑨ 번에 출력 high ▾ 으로 설정하기

디지털 4번 핀에 연결된 빨간 버튼을 클릭하여 얼굴인식 서비스 실행을 위한 업로드 메시지 값으로 1을 보냅니다.

만약 ∞ 디지털 핀 읽기 (4) 이(가) 참이면
0.2 초 기다리기
업로드 모드 메시지 보내기 message 값으로 1

디지털 5번 핀에 연결된 파란 버튼을 클릭하여 다시 인식할 수 있도록 초기화하기 위한 업로드 메시지 값으로 2를 보냅니다.

만약 ∞ 디지털 핀 읽기 (5) 이(가) 참이면
0.2 초 기다리기
업로드 모드 메시지 보내기 message 값으로 2

장치에 완성된 코드입니다.

arduino Uno가 켜지면
계속 반복하기
  sonic ▾ 을(를) ∞ 초음파센서 (Trig 8 핀, Echo 7 핀) 읽기 로(으로) 설정하기
  만약 sonic < 10 이(가) 참이면
    ∞ 디지털 핀 9 번에 출력 low ▾ 으로 설정하기
    만약 ∞ 디지털 핀 읽기 4 이(가) 참이면
      0.2 초 기다리기
      업로드 모드 메시지 보내기 message 값으로 1
    만약 ∞ 디지털 핀 읽기 5 이(가) 참이면
      0.2 초 기다리기
      업로드 모드 메시지 보내기 message 값으로 2
  아니면
    ∞ 디지털 핀 9 번에 출력 high ▾ 으로 설정하기

초음파로 성별 구분하기 13장

Artificial Intelligence
ARDUINO

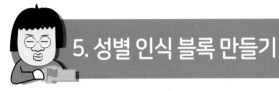

5. 성별 인식 블록 만들기

프로그램이 업로드된 장치로부터 메시지를 수신할 때 동작합니다.

캐릭터가 "안녕 지금부터 성별테스트를 할 거야"를 2초 동안 말하도록 하고 캐릭터의 모양을 'costume1'으로 바꿉니다.

장치에서 빨간 버튼을 눌러 업로드 모드 메시지 값이 1이면 실행할 블록을 넣습니다.

캐릭터가 10만큼 움직이도록 하고 다음 모양으로 바꿉니다.

1초 후 성별 인식을 하고 gender 메시지를 보내줍니다.

장치에서 파란 버튼을 눌러 업로드 모드 메시지 값이 2이면 캐릭터가 –10만큼 움직이
도록 하고 모양을 변경합니다.

<완성된 스크립트>

초음파로 성별 구분하기 13장

Artificial Intelligence
ARDUINO

6. gender라는 메시지(신호)를 받았을 때 블록 만들기

gender 메시지를 받았을 때 성별 인식 결과를 말하고 1초 동안 기다립니다.

성별 인식 결과가 male(남성)일 경우에는 Boy11.1 캐릭터로 변경하고 female(여성)일 경우에는 Girl5.1 캐릭터로 변경합니다.

<완성된 스크립트>

7. 입출력장치 연결하기

아두이노 쉴드에 다음과 같이 입출력장치를 연결합니다.

- 빨간 버튼 – 디지털 4번 핀
- 파란 버튼 – 디지털 5번 핀
- RGB LED – 디지털 9번, 10번, 11번 핀
- 초음파센서 – 디지털 7번, 8번 핀

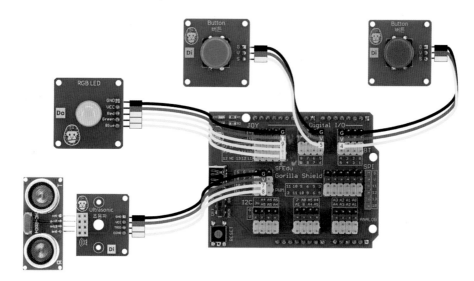

초음파로 성별 구분하기 13장 | Artificial Intelligence ARDUINO

8. 아두이노와 연결하기

아두이노와 스프라이트 사이의 상호작용을 위해 업로드 모드 브로드캐스트를 사용합니다.

장치 탭에서 추가 버튼을 클릭합니다.

장치 라이브러리에서 Arduino Uno를 클릭합니다.

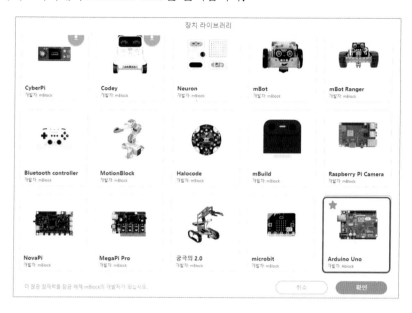

모드 스위치에서 업로드 또는 라이브를 선택한 후 연결을 클릭합니다.

이번 실습에서는 오른쪽 그림처럼 업로드를 선택하여 연결해보겠습니다.

초음파로 성별 구분하기 13장

Artificial Intelligence
ARDUINO

USB 케이블을 아두이노에 연결한 후 [접속 가능한 모든 기기를 표시]를 선택하면 연결 가능한 COM포트의 번호가 나타납니다.

* 상황에 따라 COM포트의 번호는 변경될 수 있습니다.

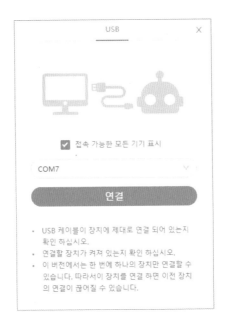

9. 아두이노 장치 코딩하기

초음파센서는 라이브 모드에서 사용할 수 없기 때문에 프로그램을 작성한 후 업로드합
니다. 업로드한 프로그램과 스프라이트가 상호작용을 하기 위해서는 업로드 모드 브로
드캐스트 블록을 이용해 자료를 주고받습니다.

다음은 아두이노에 업로드할 스크립트입니다. 아두이노에 프로그램이 업로드되면 버튼
을 누르면 업로드 모드 메시지 보내기를 통해 1 또는 2를 메시지 값을 스프라이트로 전
송합니다.

```
arduino Uno가 켜지면
계속 반복하기
    sonic ▼ 을(를) ∞ 초음파센서 (Trig  8  핀, Echo  7  핀) 읽기 로(으로) 설정하기
    만약  ( sonic < 10 ) 이(가) 참이면
        ∞ 디지털 핀  9  번에 출력  low ▼  으로 설정하기
        만약  ∞ 디지털 핀 읽기  4   이(가) 참이면
            0.2  초 기다리기
            📡 업로드 모드 메시지 보내기  message  값으로  1
        만약  ∞ 디지털 핀 읽기  5   이(가) 참이면
            0.2  초 기다리기
            📡 업로드 모드 메시지 보내기  message  값으로  2
    아니면
        ∞ 디지털 핀  9  번에 출력  high ▼  으로 설정하기
```

Artificial Intelligence
ARDUINO

다음은 스프라이트에서 작동할 스크립트입니다.

장치에서 업로드 모드 메시지를 수신할 때 동작합니다.

다음은 위의 스프라이트 스크립트가 실행되고 gender 메시지를 보냈을 때 실행하는 스크립트입니다.

장치에서 빨간 버튼을 눌러주면 성별인식을 시작합니다.

성별이 남자면 남자 캐릭터로 바뀌면서 '남성' 이라고 말합니다.

성별이 여자면 여자 캐릭터로 바뀌면서 '여성' 이라고 말합니다.

14장 동안 테스트

 활동 목표

· 인공지능 나이 인식 블록을 사용할 수 있습니다.
· 나이 인식 블록을 이용해 다양한 프로그램을 작성할 수 있습니다.

 활동 개요

· 나이 인식 블록을 사용하여 나이를 인식해봅니다.
· 나이 인식 블록을 활용해 동안인지 알아보는 프로그램을 만들어봅니다.

 활동 정보

◁ 활동 형태	◁ 활동 시간	◁ 준비물	◁ 실습 환경

2인 1조 또는 개별수행	기본 활동 2시간	mBlock, 웹캠, 아두이노, 쉴드, RGB LCD, 서보모터, 버저	PC 또는 노트북 사용이 가능한 곳 (인터넷 필요)

1. mBlock(엠블록)의 기본 블록 알아보기

이번 챕터의 학습을 위해 아래에 제시하는 블록의 쓰임에 대해 알아봅니다.

종류	블록	기능
형태	안녕! 을(를) 2 초 동안 말하기	사용자가 입력한 문구를 특정 시간 동안 스프라이트가 화면에서 말합니다.
이벤트	클릭했을 때	가장 많이 사용되는 블록으로, 깃발을 클릭했을 때 동작을 시작합니다.
	age_test ▼ 을(를) 보내기	해당 신호를 보냅니다. 스프라이트에게 어떤 일을 언제 해야 하는지 알려줍니다.
제어	계속 반복하기	정지 명령을 받을 때까지 안에 있는 블록을 실행합니다.
	만약 이(가) 참이면	조건에 맞는다면 안에 있는 블록이 실행합니다.
연산	> 50	첫 번째 수가 두 번째 수보다 큰 수인지 비교합니다.
[확장] 인식 서비스	1 ▼ 초 후, 사람 나이 인식하기	일정 시간 후 사람의 나이를 인식합니다.
	나이 인식 결과	나이 인식 결과를 나타냅니다.
[확장] 핀	∞ 디지털 핀 9 번에 출력 high ▼ 으로 설정하기	해당 디지털 핀의 출력을 low(꺼짐)와 high(켜짐)로 선택할 수 있습니다.
	∞ 서보모터 핀 9 번의 각도를 90 으로 설정	서보모터를 작동시키기 위한 블록으로 0~180도 사이의 각도 값으로 움직입니다.

종류	블록	기능
[확장] 🐵 출력 셀	🐵 버저 : 디지털 ③ 핀 C4 ▾ 음을 2분의 1 ▾ 박자로 연주하기	버저센서 모듈에서 제어하기 위한 블록으로, 확장블록을 다운받고 버저블록을 선택하여 다양한 소리를 출력합니다.
[확장] 🐵 화면 셀	🐵 LCD ① 번 : 주소 0x27 ▾ 로 설정	3가지 종류의 LCD 모듈 주소를 설정합니다.
	🐵 LCD ① 번 : ① 행 ① 열에 Hello Arduino! 출력	LCD 창에 영문으로 표기된 글자를 출력합니다.

동안 테스트 14장

Artificial Intelligence
ARDUINO

2. 인공지능을 사용하기 위한 확장 블록 추가하기

인공지능의 다양한 서비스를 활용하기 위해 로그인합니다. 그러고 나서 팔레트 창에서 을 클릭한 후에 확장 센터에서 제공하는 서비스 중 인식 서비스, 업로드 모드 브로드 캐스트를 추가합니다.

3. 나이 인식 서비스 사용하기

사람 나이 인식하기 블록과 나이 인식 결과 지정하기 블록은 아래처럼 인식 서비스에서 설정할 수 있습니다.

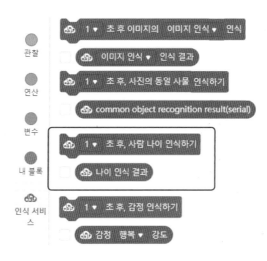

무대의 나이 인식 결과 변수에서 마우스 오른쪽 버튼을 클릭하면 결과를 다양한 방법으로 볼 수 있습니다. '변수이름-변수값 보기'를 클릭하면 ①과 같은 결괏값을 볼 수 있고 '변수값 크게 보기'를 클릭하면 ②와 같이 볼 수 있습니다.

나이 인식 시간을 1초, 2초, 3초로 설정할 수 있습니다.

나이 인식을 위한 웹캠을 설정합니다.

인식 창   ∨   ✕

4. 시작 블록 만들기

⬤ 변수 팔레트에서 변수 만들기 버튼을 클릭하여 "AI_age"와 "my_age"라는 변수를 추가합니다.

추가한 변수를 '0'으로 초기화합니다. 그리고 스프라이트가 "지금부터 당신의 동안 테스트를 실시하도록 하겠습니다. 준비가 되었으면 A키를 눌러주세요"라고 말하도록 블록을 추가한 후 "age_test"라는 메시지를 보내기 위해 아래와 같이 블록을 만듭니다.

동안 테스트 14장 Artificial Intelligence ARDUINO

조건문 블록에 'a' 키를 눌렀는가? 라는 관찰 블록을 삽입합니다.

관찰 팔레트에서 '묻고 기다리기' 블록에 "당신의 나이를 정확하게 넣어주세요"라고 입력 합니다.

my_age라는 변수를 만들고 '0'으로 초기화 합니다.

my_age 변수에 '묻고 기다리기' 블록의 대답 블록을 추가합니다.

"측정하기 위해 스페이스키를 눌러주세요"라고 2초 동안 말하도록 블록을 추가합니다.

'age_test 메시지를 받았을 때' 블록을 넣고 계속 반복하기 블록 안에 위에서 만든 블록을 추가합니다.

동안 테스트 14장 | Artificial Intelligence ARDUINO

6. 인공지능 나이 설정하기

AI_age라는 변수를 만들고 '0'으로 초기화합니다.

조건문 블록에 '스페이스 키를 눌렀는가?'라는 관찰 블록을 삽입합니다.

인식 팔레트에서 '1초 후 사람 나이 인식하기' 블록을 선택하여 조건문 안에 추가합니다.
서비스

인공지능 블록으로 알아낸 나이 인식 결과를 AI_age 변수로 설정합니다.

7. 동안 비교문 만들기

연산 팔레트의 블록을 통해 my_age 변숫값이 AI_age 변숫값보다 큰지 비교합니다.

> my_age > AI_age

조건문 블록에 위에 만들어진 블록을 삽입합니다.

> 만약 my_age > AI_age 이(가) 참이면

"당신은 나이보다 어려보이시네요"를 2초 동안 말하도록 말하기 블록을 삽입합니다.

> 만약 my_age > AI_age 이(가) 참이면
> 당신은 나이보다 어려보이시네요 을(를) 2 초 동안 말하기

업로드 모드 메시지 보내기에 young 값을 지정합니다.

> 만약 my_age > AI_age 이(가) 참이면
> 당신은 나이보다 어려보이시네요 을(를) 2 초 동안 말하기
> 업로드 모드 메시지 보내기 young

● 팔레트의 블록을 통해 my_age 변숫값이 AI_age 변숫값과 같은지 비교합니다.
연산

이전과 같은 방법으로 블록을 만들고 업로드 모드 메시지 보내기를 same 값으로 지정합니다.

만약 `my_age = AI_age` 이(가) 참이면
　`당신은 나이처럼 보이시네요` 을(를) `2` 초 동안 말하기
　업로드 모드 메시지 보내기 `same`

● 팔레트의 블록을 통해 my_age 변숫값이 AI_age 변숫값보다 작은지 비교합니다.
연산

my_age < AI_age

이전과 같은 방법으로 블록을 만들고 업로드 모드 메시지 보내기를 old값으로 설정합니다.

만약 `my_age < AI_age` 이(가) 참이면
　`당신은 나이보다 성숙해보이시네요` 을(를) `2` 초 동안 말하기
　업로드 모드 메시지 보내기 `old`

아래 그림은 비교한 결과를 출력해주는 조건문을 조립한 스크립트입니다.

입력한 나의 실제 나이는 'my_age'에 저장됩니다.

인공지능이 인식한 나의 나이는 'AI_age'에 저장됩니다.

만약 나의 실제 나이가 인공지능이 인식한 나이보다 크면 동안이라고 판독하고, 장치로 전달할 업로드 모드 메시지 값으로 'young'을 전송합니다.

만약 나의 실제 나이와 인공지능이 인식한 나이와 같으면 당신의 나이처럼 보인다고 판독하고, 장치로 전달할 업로드 모드 메시지 값으로 'same'을 전송합니다.

만약 나의 실제 나이가 인공지능이 인식한 나이보다 작으면 노안이라고 판독하고, 장치로 전달할 업로드 모드 메시지 값으로 'old'를 전송합니다.

8. 입출력장치 연결하기

<아두이노에 버저, 서보모터, RGB LED, LCD 디스플레이 설치하기>

아두이노 쉴드에 다음과 같이 입출력장치를 연결합니다.

• 버저 – 디지털 3번 핀

• 서보모터 – 디지털 6번 핀

• RGB LED – 디지털 9번, 10번, 11번 핀

• LCD 디스플레이 – 아날로그 A4, A5번 핀

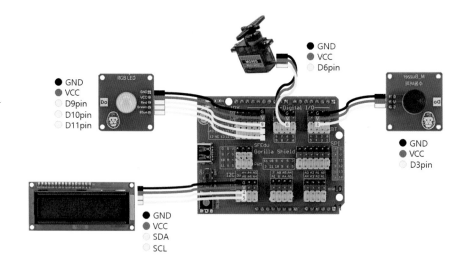

9. 아두이노와 연결하기

아두이노와 스프라이트를 연동하기 위해서는 몇 가지 방법이 있으나 여기에서는 변수를 이용하여 업로드로 작동해봅시다. 물론 아두이노의 작동하는 방법에는 업로드와 라이브로 작동하는 두 가지 방법이 있습니다.

장치 탭에서 추가 버튼을 클릭합니다.

동안 테스트 14장

Artificial Intelligence
ARDUINO

장치 라이브러리에서 Arduino Uno를 클릭합니다.

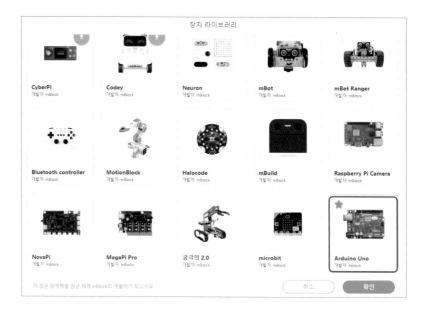

10. 아두이노 장치 코딩하기

스프라이트 영역에서 동안을 판독하여 전송된 메시지 값은 'young', 'same', 'old'로 3가지입니다. 3가지 전달된 메시지 값에 따라 알맞은 출력이 나오도록 코딩합니다.

- LCD는 3가지 메시지를 문자로 출력하는 역할을 합니다.
- 서보모터는 동안이면 오른쪽, 노안이면 왼쪽, 나이가 같으면 가운데를 지시합니다.
- RGB LED는 동안이면 파란 불, 노안이면 빨간 불, 나이가 같으면 초록 불을 켭니다.
- 버저는 판독 결과에 따라 서로 다른 음을 재생합니다.

'업로드 모드 메시지를 수신할 때' 블록에 young을 입력합니다.

LCD의 주소를 설정합니다. 여기서는 '0x20'으로 설정합니다.

그다음 LCD 1행 1열에 young age가 출력되도록 합니다.

Artificial Intelligence
ARDUINO

서보모터를 디지털 6번으로 맞추고 각도를 10도로 설정합니다.

RGB LED에 파란불이 켜지도록 디지털 11번의 설정을 high로 변경합니다.

TIP D9, 10, 11번은 R, G, B의 순으로 되어 있고 원하는 LED를 켜려면 설정을 high로 맞춥니다.

디지털 3번 버저를 선택한 후, 원하는 음의 높이를 C4, E4로 하고 각 박자를 ♩(2분의 1), ♪(4분의 1)로 만들어 3번 반복하기 블록에 넣습니다.

TIP 음계는 C(도), D(레), E(미), F(파), G(솔), A(라), B(시) 순으로 되어 있습니다. 알파벳의 오른쪽 숫자, 예를 들어 C4에서 오른쪽 숫자 4는 옥타브를 의미합니다.

11. 프로그램 실행하기

아래 그림은 동안으로 판독되었을 때 동작 결과입니다. LCD에 'young age'라고 출력되고, 서보모터는 오른쪽을 가리킵니다. RGB LED는 파란색을 키고, 버저가 울립니다.

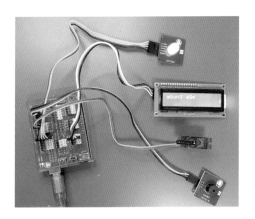

동안 테스트 14장

Artificial Intelligence
ARDUINO

같은 나이로 판독되었을 때 동작 결과입니다. LCD에 'same age'라고 출력되고, 서보모터는 가운데를 가리킵니다. RGB LED는 초록색을 키고, 버저가 울립니다.

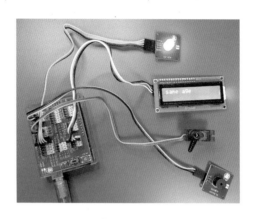

노안으로 판독되었을 때 동작 결과입니다. LCD에 'old age'라고 출력되고, 서보모터는 왼쪽을 가리킵니다. RGB LED는 빨간색을 키고, 버저가 울립니다.

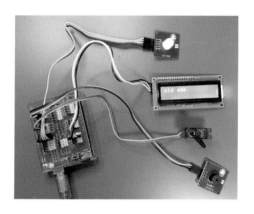

동안 테스트 14장 | Artificial Intelligence ARDUINO

15장 랜드마크 이름 맞히기

활동 목표

• 이미지 인식 기능을 사용하여 이미지 자료를 분석할 수 있습니다.
• 이미지 인식 블록을 이용하여 다양한 프로그램을 작성할 수 있습니다.

활동 개요

• 인식 서비스 중 이미지 인식 블록을 사용하여 이미지(랜드마크)를 분석해봅니다.
• 이미지 인식 블록을 사용하여 랜드마크 이름 맞히기 프로그램을 만들어봅니다.

활동 정보

◁ 활동 형태	◁ 활동 시간	◁ 준비물	◁ 실습 환경

2인 1조 또는 개별수행	기본 활동 2시간	mBlock, 웹캠, 아두이노, 쉴드, OLED	PC 또는 노트북 사용이 가능한 곳 (인터넷 필요)

1. mBlock(엠블록)의 기본 블록 알아보기

이번 챕터의 학습을 위해 아래에 제시하는 블록의 쓰임에 대해 알아봅니다.

종류	블록	기능
형태	안녕! 을(를) 말하기	사용자가 입력한 문구를 스프라이트가 화면에서 말합니다.
이벤트	스페이스 ▼ 키를 눌렀을 때	스페이스 키를 눌렀을 때 동작을 시작합니다.
제어	만약 이(가) 참이면	조건에 맞는다면 안에 있는 블록이 실행합니다.
제어	만약 이(가) 참이면 아니면	조건이 참일 때와 거짓일 때 각각의 블록이 실행됩니다.
연산	1 부터 10 사이 임의의 수	지정한 범위 내의 수에서 임의의 숫자를 고릅니다.
연산	+ < · = * > /	사칙연산 블록은 단순 계산에 사용되고, 등호 또는 부등호 표기가 있는 블록은 다양한 변수의 값을 비교하기 위해 사용됩니다.
변수	변수 만들기	사용할 변수를 만듭니다.
변수	landmark ▼ 을(를) 0 로(으로) 설정하기	변숫값을 특정 값으로 설정합니다.

종류	블록	기능
● 내 블록	블록 만들기	여러 블록을 묶어 하나의 블록으로 만듭니다.
[확장] ● 업로드 모드 브로드캐스트	업로드 모드 메시지를 수신할 때 message	아두이노에 프로그램 업로드 후 아두이노로부터 메시지를 수신할 때 사용합니다.
[확장] 번역하기	번역하기 안녕하세요 받는 사람 한국어 ▾	해당하는 문구를 특정 언어로 번역합니다.

[확장]
 이미지
 인식
	recognize common item ▾ after 2 ▾ secs
	 ✓ common item
	   vehicle
	   logo
	   동물
	   plant
	   fruit and veg
	   dish
	   image position
	   랜드마크
		설정된 9가지 종류의 이미지를 인식할 때 사용되는 블록입니다.
		 동물로 설정하면 인식한 이미지에서 동물 이름을 출력합니다.

	image recognition result	이미지 인식 결과를 나타낼 때 사용됩니다. * mBlock은 중국에서 만들어진 플랫폼으로서, 인식 결과는 중국어(한자)로 출력됩니다.

Artificial Intelligence
ARDUINO

2. 인공지능을 사용하기 위한 확장 블록 추가하기

인공지능의 다양한 서비스를 활용하기 위해 로그인합니다. 그러고 나서 팔레트 창에서 ➕ 버튼을 클릭한 후에 확장 센터에서 제공하는 서비스 중 인식 서비스, AI Service, 업로드 모드 브로드캐스트, Translate를 추가합니다.

3. 간단한 방법으로 이미지(랜드마크) 인식 확인하기

스페이스 키를 눌러 스프라이트를 실행합니다.

인식(recognize) 중 랜드마크 옵션을 선택합니다.

● 변수 팔레트에서 [변수 만들기] 버튼을 클릭하여 "name"이라는 변수를 추가합니다.

"name" 변수에 이미지 인식 결과를 저장할 수 있도록 설정합니다.

Artificial Intelligence
ARDUINO

"name" 변수에 저장된 이미지 인식 결과를 말하기 블록으로 확인합니다.

<완성 프로그램>

<결과 화면>

녹색 깃발 모양의 실행 버튼을 클릭한 후 스페이스 키를 눌러 실행합니다. 웹캠을 통해
랜드마크 이미지를 인식하면 그 이름을 스프라이트가 중국어로 말합니다.

* mBlock은 중국에서 만들어진 플랫폼으로서, 인식 결과는 중국어(한자)로 출력됩니다.

4. 한 단계 더 블록 추가해보기

번역하기 블록을 통해 이미지 인식의 결과를 한국어로 번역을 해봅니다.

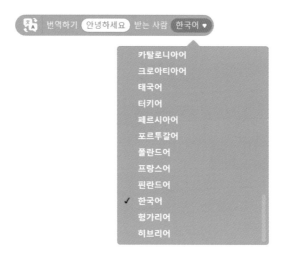

"landmark" 변수를 "name"을 번역한 결과로 설정합니다.

"landmark" 변수에 저장된 이미지 인식 번역 결과를 말하기 블록으로 확인합니다.

<완성 프로그램>

<결과 화면>

녹색 깃발 모양의 실행 버튼을 클릭한 후 스페이스 키를 눌러 실행합니다. 웹캠을 통해 랜드마크 이미지를 인식하면 그 이름을 스프라이트가 한국어로 말합니다.

5. 스프라이트에서 인공지능 구현하기

이미지 인식 기능을 이용하여 스프라이트가 말하는 랜드마크 그림을 인식시키고 정답 여부를 확인하는 프로그램을 만들어봅시다.

실습을 위해서 3가지 랜드마크 그림을 이용하여 랜덤으로 그림 제목을 말할 수 있도록 해봅시다.

"optional" 변수를 1부터 3 사이의 임의의 숫자로 설정합니다.

"optional" 변수가 1인 조건을 만족하면 실행될 수 있도록 조건식을 설정합니다.

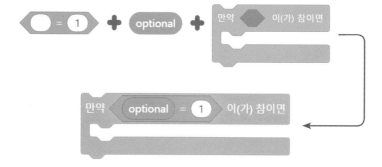

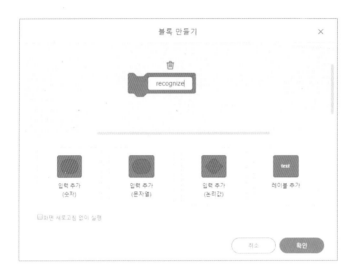 팔레트에서 블록 만들기 버튼을 클릭하여 "recognize"라는 블록을 추가합니다.

"recognize" 블록을 이미지(랜드마크) 인식, 인식 결과를 변수에 저장, 변수 말하기까지 동작하도록 설정합니다.

"optional" 변수가 1이면 "자유의 여신상"을 인식하도록 하고, 인식 결과가 맞으면 "answer"를, 틀리면 "wrong answer"를 업로드 모드 메시지로 보냅니다.

같은 방법으로 "optional" 변수가 2이면 "에펠 탑"을 "optional" 변수가 3이면 "성 바실리 대성당"을 인식하도록 합니다.

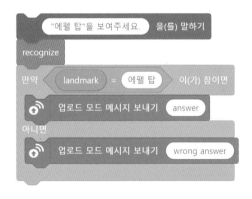

에펠탑

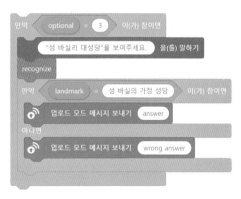

성바실리 대성당

* mBlock은 중국에서 만들어진 플랫폼으로서, 번역이 정확하지 않아 위의 그림처럼 '성 바실리 대성당'은 '성 바실의 가정 성당'이라고 입력해야 올바르게 인식됩니다.

랜드마크 이름 맞히기 15장

Artificial Intelligence
ARDUINO

<완성 프로그램>

스페이스 ▼ 키를 눌렀을 때

optional ▼ 을(를) 1 부터 3 사이 임의의 수 로(으로) 설정하기

만약 optional = 1 이(가) 참이면
  "자유의 여신상"을 보여주세요. 을(를) 말하기
  recognize
  만약 landmark = 자유의 여신상 이(가) 참이면
    업로드 모드 메시지 보내기 answer
  아니면
    업로드 모드 메시지 보내기 wrong answer

만약 optional = 2 이(가) 참이면
  "에펠 탑"을 보여주세요. 을(를) 말하기
  recognize
  만약 landmark = 에펠 탑 이(가) 참이면
    업로드 모드 메시지 보내기 answer
  아니면
    업로드 모드 메시지 보내기 wrong answer

만약 optional = 3 이(가) 참이면
  "성 바실리 대성당"을 보여주세요. 을(를) 말하기
  recognize
  만약 landmark = 성 바실의 가정 성당 이(가) 참이면
    업로드 모드 메시지 보내기 answer
  아니면
    업로드 모드 메시지 보내기 wrong answer

<결과 화면>

스페이스 키를 눌러 실행합니다. 스프라이트가 말하는 랜드마크 이미지를 웹캠을 통해
인식하면 그 이름을 스프라이트가 한국어로 말합니다.

자유의 여신상을 인식했을 때

에펠 탑을 인식했을 때

성 바실리 대성당을 인식했을 때

랜드마크 이름 맞히기 **15장**

Artificial Intelligence
ARDUINO

6. 입출력장치 연결하기

<아두이노에 OLED 설치하기>

OLED를 디지털 4번 핀과 5번 핀에 연결합니다.

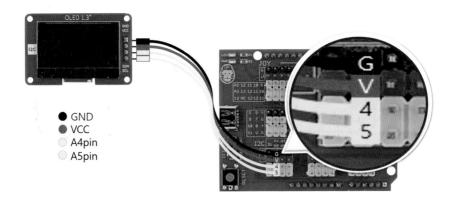

● GND
● VCC
○ A4pin
○ A5pin

7. 아두이노와 연결하기

모드 스위치에서 업로드 또는 라이브를 선택한 후 연결을 클릭합니다.
이번 실습에서는 오른쪽 그림처럼 업로드를 선택한 후 연결해보겠습니다.

USB 케이블을 아두이노에 연결한 후 [접속 가능한 모든 기기를 표시]를 선택하면 연결 가능한 COM포트의 번호가 나타납니다.

* 상황에 따라 COM포트의 번호는 변경될 수 있습니다.

장치 탭을 선택한 후  버튼을 눌러 '공공두이노' 확장 블록을 추가합니다. 검색하기에서 '공공'으로 검색하면 쉽게 찾을 수 있습니다.

랜드마크 이름 맞히기 15장

Artificial Intelligence
ARDUINO

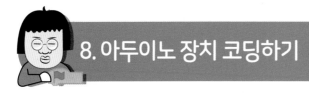
8. 아두이노 장치 코딩하기

"answer" 업로드 모드 메시지를 수신했을 때, 장치를 초기화하고 정답을 맞혔다는 의미로 "That's correct."를 화면에 출력합니다.

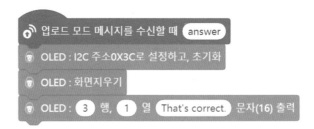

"wrong answer" 업로드 모드 메시지를 수신했을 때, 장치를 초기화하고 오답의 의미로 "That's wrong."를 화면에 출력합니다.

9. 프로그램 실행하기

스페이스 키를 누르면 스프라이트가 3가지 랜드마크(자유의 여신상, 에펠 탑, 성 바실리 대성당) 중 랜덤으로 1가지를 특정해서 보여달라고 말합니다.

<결과 화면>

인식 결과가 "자유의 여신상"이면 OLED에 "That's correct"를 출력합니다.

Artificial Intelligence
ARDUINO

인식 결과가 "자유의 여신상"이 아니면 OLED에 "That's wrong."를 출력합니다.

더 알아보기

남대문이나 남산서울타워 같은 우리나라 랜드마크를 추가하여 테스트해 봅시다.

16장 **노약자석 대상자 확인하기**

활동 목표

- 인체 인식(Human Body Recognition) 기능을 이용하여 인체 자료를 분석할 수 있습니다.
- 인체 인식 블록을 이용하여 다양한 프로그램을 작성할 수 있습니다.

활동 개요

- 인체 인식 블록을 사용하여 나이를 분석해봅니다.
- 인체 인식 블록을 사용하여 노약자석 대상을 파악하고 안내하는 프로그램을 만들어봅니다.

활동 정보

◁ 활동 형태	◁ 활동 시간	◁ 준비물	◁ 실습 환경

2인 1조 또는 개별수행	기본 활동 2시간	mBlock, 웹캠, 아두이노, 쉴드, LCD, 버저	PC 또는 노트북 사용이 가능한 곳 (인터넷 필요)

1. mBlock(엠블록)의 기본 블록 알아보기

이번 챕터의 학습을 위해 아래에 제시하는 블록의 쓰임에 대해 알아봅니다.

종류	블록	기능
형태	안녕! 을(를) 말하기	사용자가 입력한 문구를 스프라이트가 화면에서 말합니다.
	모양을 Doctor ▼ (으)로 바꾸기	스프라이트의 모양을 변경합니다.
이벤트	스페이스 ▼ 키를 눌렀을 때	스페이스 키를 눌렀을 때 동작을 시작합니다.
제어	만약 ◇ 이(가) 참이면 / 아니면	조건이 참일 때와 거짓일 때 각각의 블록이 실행됩니다.
연산	+ - * / < = >	사칙연산 블록은 단순 계산에 사용되고, 등호 또는 부등호 표기가 있는 블록은 다양한 변수의 값을 비교하기 위해 사용됩니다.
변수	변수 만들기	사용할 변수를 만듭니다.
	age_num ▼ 을(를) 0 로(으로) 설정하기	변숫값을 특정 값으로 설정합니다.
	age_num ▼ 변수 보이기	변숫값을 무대에서 보이게 합니다.
	age_num ▼ 변수 숨기기	변숫값을 무대에서 숨기게 합니다.
내 블록	블록 만들기	여러 블록을 묶어 하나의 블록으로 만듭니다.

종류	블록	기능
[확장] 업로드 모드 브로드캐스트	업로드 모드 메시지 보내기 message	아두이노에 메시지를 송신할 때 사용합니다.
	업로드 모드 메시지를 수신할 때 message	아두이노에 프로그램 업로드 후 아두이노로부터 메시지를 수신할 때 사용합니다.
[확장] 번역하기	번역하기 안녕하세요 받는 사람 한국어 ▼	해당하는 문구를 특정 언어로 번역합니다.
[확장] Human Body Recognition	recognize body feature after 2 ▼ secs	성별, 나이, 어깨 위치, 모자 형태 등의 인체 인식을 위해 사용하는 블록입니다.
	body feature recognition result: 나이 ▼ 성별 ✓ 나이 body orientation upper garment type bottom garment type upper garment color bottom garment color hat type glass type	인체 인식의 결과를 나타낼 때 사용됩니다. 인체 인식 결과의 옵션은 9가지 종류가 있으며, 그중 한 가지를 설정할 수 있습니다.
[확장] 텍스트 음성 변환	말할 안녕하세요	텍스트를 음성으로 출력합니다.

노약자석 대상자 확인하기 16장

Artificial Intelligence
ARDUINO

2. 인공지능을 사용하기 위한 확장 블록 추가하기

인공지능의 다양한 서비스를 활용하기 위해 로그인합니다. 그러고 나서 팔레트 창에서 을 클릭한 후에 확장 센터에서 제공하는 서비스 중 업로드 모드 브로드캐스트, AI Service, Text to Speech, Translate를 추가합니다.

3. 간단한 방법으로 인체(나이) 인식하기

스페이스 키를 눌러 스프라이트를 실행시킵니다.

스페이스 ▾ 키를 눌렀을 때

인체 인식(recognize)을 2초 후에 동작하도록 합니다.

🖼 recognize body feature after   2 ▾   secs

● 변수   팔레트에서   변수 만들기   버튼을 클릭하여 "age_num"이라는 변수를 추가합니다.

"age_num" 변수에 인체 인식 결과(나이)를 저장할 수 있도록 설정합니다.

노약자석 대상자 확인하기 16장   Artificial Intelligence
ARDUINO

"age_num" 변수에 저장된 인체 인식 결과를 말하기 블록으로 확인합니다.

<결과 화면>

녹색 깃발 모양의 실행 버튼을 클릭한 후 스페이스 키를 눌러 실행합니다. 웹캠을 통해
얼굴을 인식하면 스프라이트가 인식 대상의 연령대(예 청년)를 중국어로 말합니다.

* mBlock은 중국에서 만들어진 플랫폼으로서, 인식 결과는 중국어(한자)로 출력됩니다.

4. 한 단계 더 블록 추가해보기

번역하기 블록을 통해 이미지 인식 결과를 한국어로 번역해봅시다.

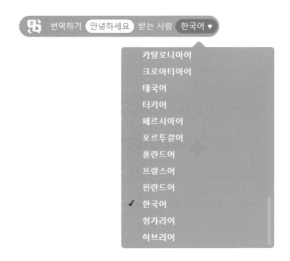

"classify_age" 변수를 "age_num"을 번역한 결과로 설정합니다.

"classify_age" 변수에 저장된 인체 인식 번역 결과를 말하기 블록으로 확인합니다.

<완성 프로그램>

![완성 프로그램 블록 코드]
```
스페이스 ▼ 키를 눌렀을 때
🂠 recognize body feature after  2 ▼  secs
    age_num ▼ 을(를)  🂠 body feature recognition result:  나이 ▼  로(으로) 설정하기
    classify_age ▼ 을(를)  🔁 번역하기  age_num  받는 사람  한국어 ▼  로(으로) 설정하기
    classify_age 을(를) 말하기
```

녹색 깃발 모양의 실행 버튼을 클릭한 후 스페이스 키를 눌러 실행합니다. 웹캠을 통해 얼굴을 인식하면 스프라이트가 인식 대상의 연령대(예 청소년)를 한국어로 말합니다.

5. 스프라이트에서 인공지능 구현하기

인체(나이) 인식 기능을 이용하여 대상(사람)을 인식시키고 노인 여부를 확인하는 프로그램을 만들어봅시다.

프로그램 시작을 위해서 "age_num" 변수를 숨기고, 장치를 초기화한 후, 스프라이트의 초기 모양을 설정합니다.

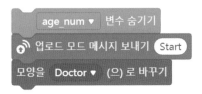

내 블록 팔레트에서 ⬤ 블록 만들기 버튼을 클릭하여 "recognize"라는 블록을 추가합니다.

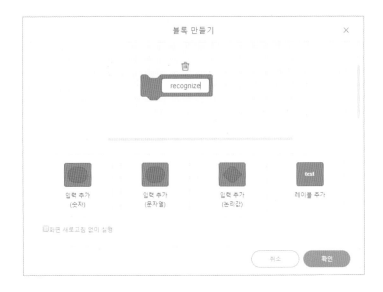

Artificial Intelligence
ARDUINO

"recognize" 블록에 인체 인식 여부와 인식 결과(나이)를 변수에 저장하도록 하고, 변수가 보이도록 설정합니다.

"age_num" 변수가 '노인'이면 "안녕하세요. 편안한 여행되세요"를 말하도록 하고, 그렇지 않으면 "노약자석입니다. 일어나세요"를 말하도록 합니다.

<완성 프로그램>

노약자석 대상자 확인하기 **16장** | Artificial Intelligence ARDUINO

<결과 화면>

녹색 깃발 모양의 실행 버튼을 클릭한 후 스페이스 키를 눌러 실행합니다. 웹캠을 통해 얼굴을 인식하면 스프라이트가 인식 대상의 연령대를 파악한 후 노약자석 대상자가 맞는지 한국어로 말합니다.

노인을 인식했을 때

청소년을 인식했을 때

6. 입출력장치 연결하기

<아두이노에 버저 연결하기>

버저를 디지털 3번 핀에 연결합니다.

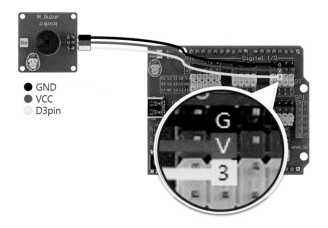

- ● GND
- ● VCC
- ○ D3pin

<아두이노에 LCD 연결하기>

LCD를 아날로그 4번 핀과 5번 핀에 연결합니다.

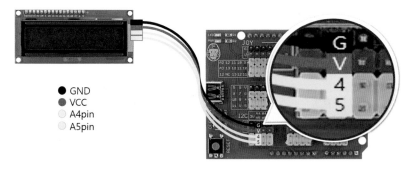

- ● GND
- ● VCC
- ○ A4pin
- ○ A5pin

Artificial Intelligence
ARDUINO

7. 아두이노와 연결하기

모드 스위치에서 업로드 또는 라이브를 선택한 후 연결을 클릭합니다.
이번 실습에서는 오른쪽 그림처럼 업로드를 선택한 후 연결해보겠습니다.

USB 케이블을 아두이노에 연결한 후 [접속 가능한 모든 기기를 표시]를 선택하면 연결
가능한 COM포트의 번호가 나타납니다.

* 상황에 따라 COM포트의 번호는 변경될 수 있습니다.

공공公共두이노Publicduino

개발자: doolbat

弘益人間Project. 나랏말싸미 미국
에 달아 텍스트코드와 서르 사맛디
아니할쌔 이런 젼차로 어린 학생이
니르고져 홈빼이셔도 마참내 제 뜨

+ 추가

장치 탭을 선택한 후 [+]확장 버튼을 눌러 '공공두이노' 확장 블록
을 추가합니다. 검색하기에서 '공공'으로 검색하면 쉽게 찾을
수 있습니다.

8. 아두이노 장치 코딩하기

"Start" 업로드 모드 메시지를 수신했을 때, LCD 장치를 초기화(주소 설정, 지우기)합니다.

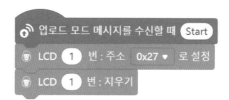

"Aged" 업로드 모드 메시지를 수신했을 때, 장치를 초기화하고 '편히 쉬십시오'라는 의미로 "Take a rest"를 화면에 출력합니다.

```
업로드 모드 메시지를 수신할 때  Aged
LCD 1 번 : 주소  0x27 ▼  로 설정
LCD 1 번 : 지우기
LCD 1 번 : 1 행 1 열에  Take a rest  출력
```

"NotAged" 업로드 모드 메시지를 수신했을 때, 장치를 초기화하고 '일어나세요'라는 의미로 "Get Up!"을 화면에 출력하고 버저가 울리도록 합니다.

```
업로드 모드 메시지를 수신할 때  NotAged
LCD 1 번 : 주소  0x27 ▼  로 설정
LCD 1 번 : 지우기
LCD 1 번 : 1 행 1 열에  Get Up!  출력
버저 : 디지털 3 핀  C4 ▼  음을  2분의 1 ▼  박자로 연주하기
```

노약자석 대상자 확인하기 16장

Artificial Intelligence
ARDUINO

9. 프로그램 실행하기

녹색 깃발 모양의 실행 버튼을 클릭한 후 스페이스 키를 눌러 실행합니다. 웹캠을 통해 얼굴을 인식하면 스프라이트가 인식 대상의 연령대를 파악합니다.

<결과 화면>

인식 결과가 "노인"이면 LCD에 "Take a rest"를 출력합니다.

인식 결과가 "노인"이 아니라면 LCD에 "Get Up!"을 출력합니다.

17장 목운동하기

활동 목표

- 인체 인식(Human Body Recognition) 기능을 이용하여 신체의 위치를 분석할 수 있습니다.
- 인체 인식 블록을 이용하여 다양한 프로그램을 작성할 수 있습니다.

활동 개요

- 인식 서비스 중 인체 인식 블록을 사용하여 신체의 위치를 분석해봅니다.
- 인체 인식 블록을 사용하여 코의 위치 정보를 파악하고 목운동을 도와주는 프로그램을 만들어봅니다.

활동 정보

◁ 활동 형태	◁ 활동 시간	◁ 준비물	◁ 실습 환경

2인 1조 또는 개별수행	기본 활동 2시간	mBlock, 웹캠, 아두이노, 쉴드, 버튼, 진동모터, 신호등 LED	PC 또는 노트북 사용이 가능한 곳 (인터넷 필요)

1. mBlock(엠블록)의 기본 블록 알아보기

이번 챕터의 학습을 위해 아래에 제시하는 블록의 쓰임에 대해 알아봅니다.

종류	블록	기능
● 형태	안녕! 을(를) 말하기	사용자가 입력한 문구를 스프라이트가 화면에서 말합니다.
○ 이벤트	⚑ 클릭했을 때	가장 많이 사용되는 블록으로, 깃발을 클릭했을 때 동작을 시작합니다.
	스페이스 ▼ 키를 눌렀을 때	스페이스 키를 눌렀을 때 동작을 시작합니다.
	start ▼ 을(를) 받았을 때	메시지(신호)를 받았을 때 특정 동작을 합니다.
	start ▼ 을(를) 보내기	메시지(신호)를 보냅니다.
○ 제어	만약 ◆ 이(가) 참이면 아니면	조건이 참일 때와 거짓일 때 각각의 블록이 실행됩니다.
● 연산	+ - * / < = >	사칙연산 블록은 단순 계산에 사용되고, 등호 또는 부등호 표기가 있는 블록은 다양한 변수의 값을 비교하기 위해 사용됩니다.

종류	블록	기능
 변수	변수 만들기	사용할 변수를 만듭니다.
	result_num ▾ 을(를) 0 로(으로) 설정하기	변숫값을 특정 값으로 설정합니다.
내 블록	블록 만들기	여러 블록을 묶어 하나의 블록으로 만듭니다.
[확장] Human Body Recognition	recognize key body point after 2 ▾ secs	특정 시간 후에 신체의 위치를 인식합니다.
	key point nose ▾ 's x coordinate ▾ ✓ nose neck left shoulder right shoulder left elbow right elbow left wrist right wrist left hip right hip left knee right knee left ankle	신체의 위치 인식의 결과를 나타내도록 할 때 사용됩니다. 신체의 위치 인식 결과의 옵션은 14가지 종류가 있으며, 그중 한 가지를 설정할 수 있습니다.
[확장] 텍스트 음성 변환	말할 안녕하세요	텍스트를 음성으로 출력합니다.

Artificial Intelligence
ARDUINO

2. 인공지능을 사용하기 위한 확장 블록 추가하기

인공지능의 다양한 서비스를 활용하기 위해 로그인합니다. 그러고 나서 팔레트 창에서 🔳을 클릭한 후에 확장 센터에서 제공하는 서비스 중 AI Service, Text to Speech를 추가합니다.

3. 간단한 방법으로 신체(코)의 위치 인식 확인하기

스페이스 키를 눌러 스프라이트를 실행시킵니다.

신체의 위치를 2초 후에 인식하도록 합니다.

recognize key body point after 2 ▼ secs

변수 팔레트에서 변수 만들기 버튼을 클릭하여 "result_num"이라는 변수를 추가합니다.

좌우 목운동 시 신체 위치를 확인하기 위해 코의 위치 정보를 사용합니다. 즉, "age_num" 변수에 코의 x좌표 위치를 저장할 수 있도록 설정합니다.

"name" 변수에 저장된 인체 인식 결과를 말하기 블록으로 확인합니다.

<완성 프로그램>

<결과 화면>

녹색 깃발 모양의 실행 버튼을 클릭한 후 스페이스 키를 눌러 실행합니다. 그리고 스프라이트가 웹캠을 통해 파악된 코의 x좌푯값을 말합니다.

*x의 좌푯값은 웹캠의 왼쪽 끝을 0으로 기준하며, 오른쪽 끝을 400으로 인식합니다.

4. 한 단계 더 블록 추가해보기

번역하기 블록을 통해 이미지 인식을 진행한 결과를 한국어로 번역해봅시다.

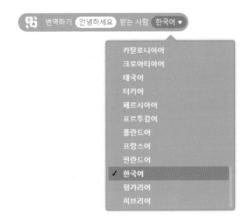

"result_num" 변숫값에 따라 위치를 구분하여 말하도록 설정합니다.

목운동하기 17장

Artificial Intelligence
ARDUINO

<완성 프로그램>

```
스페이스 ▼  키를 눌렀을 때
🎞 recognize key body point after  2 ▼  secs
   result_num ▼  을(를)  🎞 key point  nose ▼  's  x coordinate ▼  로(으로) 설정하기
만약   result_num  <  100  이(가) 참이면
   왼쪽에 위치해 있습니다.  을(를) 말하기
   💬 말할  왼쪽에 위치해 있습니다.
아니면
   만약   result_num  <  300  이(가) 참이면
      중앙에 위치해 있습니다.  을(를) 말하기
      💬 말할  중앙에 위치해 있습니다.
   아니면
      오른쪽에 위치해 있습니다.  을(를) 말하기
      💬 말할  오른쪽에 위치해 있습니다.
```

<결과 화면>

녹색 깃발 모양의 실행 버튼을 클릭한 후 스페이스 키를 눌러 실행합니다. 그리고 스프라이트가 웹캠을 통해 파악된 코의 위치(왼쪽, 중앙, 오른쪽)에 대해 말합니다.

5. 스프라이트에서 인공지능 구현하기

인체 인식 기능을 이용하여 신체(코)의 위치를 확인하고 이를 활용하여 목운동을 도와주는 프로그램을 만들어봅시다.

프로그램 시작을 위해서 "버튼을 누르면 시작합니다."라고 말하며 버튼을 눌러 시작할 수 있도록 설정합니다.

내 블록 팔레트에서 블록 만들기 버튼을 클릭하여 "recognize", "start_block", "bad_block"이라는 블록을 각각 추가합니다.

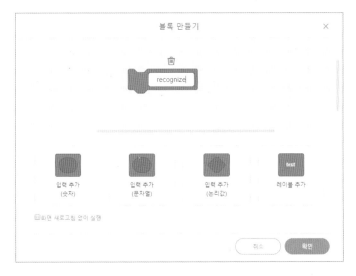

"recognize" 블록에 신체(코)의 위치 인식 결과와, 코의 x좌푯값을 변수에 저장하도록 설정합니다.

"start_block" 블록에 목운동을 시작하기 위한 안내 메시지와 인식 결과를 저장하도록 설정합니다.

"bad_block" 블록에 요구한 방향으로 완벽히 움직이지 않았을 때, 경고 메시지를 말하도록 설정합니다.

"result_num" 변수를 통해 위치 정보를 확인한 후, 가운데 → 오른쪽 → 왼쪽의 순서로
목운동을 할 수 있도록 안내하고 얼굴이 정확히 위치하는지 확인합니다.

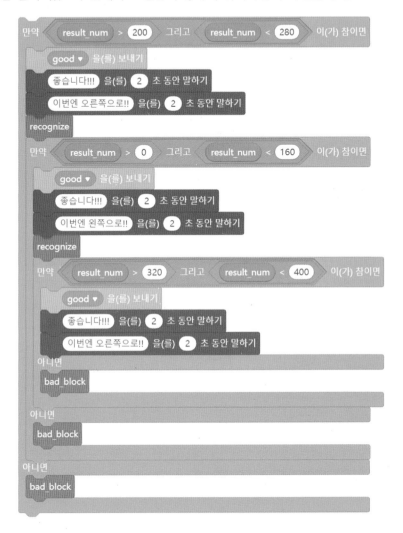

<완성 프로그램>

클릭했을 때

버튼을 누르면 시작합니다. 을(를) 말하기

start ▾ 을(를) 받았을 때

start_block

만약 result_num > 200 그리고 result_num < 280 이(가) 참이면

good ▾ 을(를) 보내기

좋습니다!!! 을(를) 2 초 동안 말하기

이번엔 오른쪽으로!! 을(를) 2 초 동안 말하기

recognize

만약 result_num > 0 그리고 result_num < 160 이(가) 참이면

good ▾ 을(를) 보내기

좋습니다!!! 을(를) 2 초 동안 말하기

이번엔 왼쪽으로!! 을(를) 2 초 동안 말하기

recognize

만약 result_num > 320 그리고 result_num < 400 이(가) 참이면

good ▾ 을(를) 보내기

좋습니다!!! 을(를) 2 초 동안 말하기

이번엔 오른쪽으로!! 을(를) 2 초 동안 말하기

아니면

bad_block

아니면

bad_block

아니면

bad_block

<결과 화면>

녹색 깃발 모양의 실행 버튼을 클릭한 후 스페이스 키를 눌러 실행합니다. 그리고 스프라이트가 웹캠을 통해 파악된 코의 위치(왼쪽, 중앙, 오른쪽)에 대해 말합니다.

얼굴의 위치가 지정한 범위 내에 있을 때

얼굴의 위치가 지정한 범위를 벗어났을 때

6. 입출력 장치 연결하기

<아두이노에 버튼 연결하기>

버튼을 디지털 3번 핀에 연결합니다.

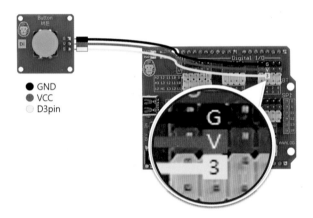

- ● GND
- ● VCC
- ○ D3pin

<아두이노에 진동모터 연결하기>

진동모터를 디지털 9번 핀에 연결합니다.

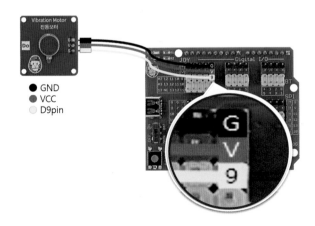

- ● GND
- ● VCC
- ○ D9pin

<아두이노에 신호등 LED 연결하기>

신호등 LED를 디지털 10번 핀, 11번 핀, 12번 핀에 연결합니다.

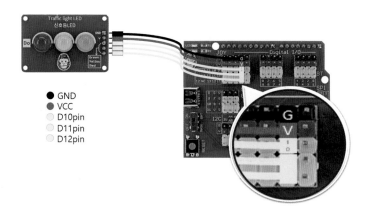

● GND
● VCC
○ D10pin
○ D11pin
○ D12pin

7. 아두이노와 연결하기

장치 라이브러리에서 Arduino Uno를 클릭합니다.

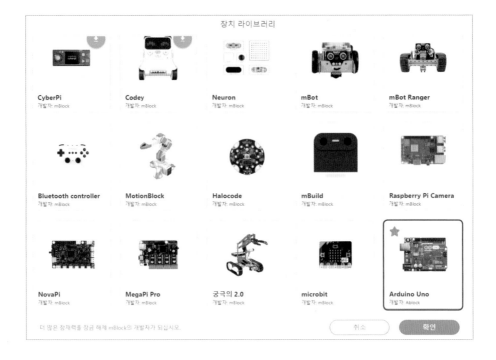

모드 스위치에서 업로드 또는 라이브를 선택한 후 연결을 클릭합니다.

이번 실습에서는 왼쪽 그림처럼 라이브를 선택한 후 연결해보겠습니다.

USB 케이블을 아두이노에 연결한 후 [접속 가능한 모든 기기 표시]를 선택하면 연결 가능한 COM포트의 번호가 나타납니다.

* 상황에 따라 COM포트의 번호는 변경될 수 있습니다.

시작을 위해 깃발을 클릭하면 신호등 LED가 켜져있을 경우 전체를 끄고, 버튼이 눌러지는지 확인합니다. 버튼을 누르면, "start"를 방송하여 목운동이 시작되도록 합니다.

"good"을 수신했을 때, 신호등 LED의 녹색 LED를 켜고 진동모터를 중간 단계(125)로 0.5초간 동작하도록 합니다. 이후 진동모터와 신호등 LED의 동작을 정지시킵니다.

"bad"를 수신했을 때, 신호등 LED의 빨간색 LED를 켠 뒤 0.5초간 노란색 LED와 진동모터를 강하게(255)로 동작시키고 0.5초간 빨간색 LED와 진동모터가 정지(0)를 7번 반복하도록 합니다.

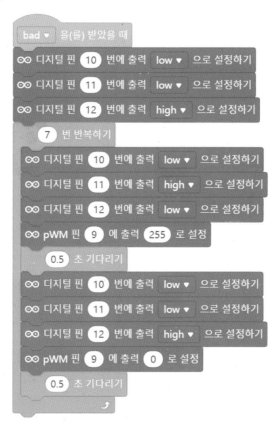

목운동하기 17장

Artificial Intelligence
ARDUINO

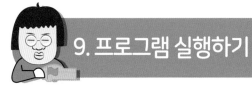

9. 프로그램 실행하기

녹색 깃발 모양의 실행 버튼을 클릭한 후 스페이스 키를 눌러 실행합니다. 그리고 스프
라이트가 웹캠을 통해 파악된 코의 위치(왼쪽, 중앙, 오른쪽)에 대해 말합니다

인식 결과(얼굴의 위치)가 제시한 범위에 있으면 진동모터가 125의 세기로 동작하고, 신
호등 LED의 녹색 LED가 켜집니다.

인식 결과(얼굴의 위치)가 제시된 범위를 벗어났으면 진동모터가 255의 세기로 동작하면서 신호등 LED의 노란색 LED가 켜지고, 진동모터가 정지하면서 신호등 LED의 빨간색 LED가 켜지는 동작을 7번 반복합니다.

Artificial Intelligence
ARDUINO

파이썬으로 무인도 탈출하기

[2020년 세종도서 교양부문 선정도서]

기존의 파이썬 책을 어려워하는 초등학교 고학년이나 중학생들도 학습할 수 있는, 이야기로 풀어나가는 청소년용 코딩 도서

박정호, 안해민, 박찬솔 지음/구덕회 감수
14,000원

시간순삭 파이썬

프로그래밍을 처음 시작하거나 너무 어려워 기초부터 다시 배우고 싶은 학습자도 따라올 수 있도록 쉽고 친근하게 설명한 파이썬 프로그래밍 도서

천인국, 정영민, 최자영 지음
22,000원

베스트
셀러

두근두근 C언어 수업

프로그래밍에 대한 지식이 전혀 없는 분들도 쉽게 학습할 수 있도록 프로그래밍 기초부터 충실히 내용을 구성하여 학습하는 데는 프로그래밍에 대한 어떠한 사전 지식도 필요 없는 C언어 프로그래밍 도서

천인국 지음
26,000원

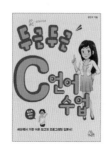

컴퓨팅 사고를 위한 스크래치 3.0

코딩 입문자를 위한 블록 코딩 언어인 스크래치를 기초부터 차근차근 학습할 수 있는 스크래치 코딩 도서

한선관, 류미영, 김태령, 서정원, 송해남 지음
26,000원

코딩 대탐험
1~3권 세트

코딩을 이용하여 수학의 원리를 발견하고 코딩을 해보도록 안내하는 수학&스크래치/엔트리 코딩 학습만화

한선관, 서정원 지음
세트 50,800원

엔트리 코딩 탐정단
1~3권 세트

학습만화를 통해 코딩의 개념을 이해할 수 있는 엔트리 코딩 도서

박정호, 문찬규, 임우열, 강태준 지음
세트 45,000원

비버챌린지 2(초 · 중 · 고등학생용)

비버챌린지(Bebras Challenge)는 세계 70여 개국에서 시행되고 있는 최고의 컴퓨팅 사고력 챌린지로서, 실제 비버챌린지에서 출제되었던 문제를 선별하여 그 문제를 바탕으로 단계별로 학습할 수 있게 구성한 공식 교재

Bebras Korea(한국비버챌린지) 지음
각 15,000원

마이크로비트로 메이커 되기

[한국인공지능교육학회 추천도서]

마이크로비트의 사용법을 학습한 후 다양한 피지컬 컴퓨팅 프로젝트 실습해볼 수 있는 마이크로비트 입문서

한선관, 김병남, 김병철, 김영준, 문원태, 안성민, 홍수빈 지음
19,000원

앱 인벤터 번역가가 직접 쓴
쉽게 배우는 앱 인벤터

프로그래밍 언어를 몰라도 블록 코딩만으로 스마트폰 앱을 만들 수 있는 앱 인벤터 입문/활용서

이재우 지음
20,000원

베스트
셀러

고양이가 알려주는
수학의 비법 (전 4권 세트)

사칙연산을 정확하고 빠르게 계산할 수 있는 비법을 알려주는 스토리텔링 수학 문제집

김용성, 추아롬, 최희선 지음
54,000원

처음 떠나는
컴퓨터과학 산책

정보 교육의 권위자들이 오랜 교육 경험을 청소년부터 성인까지 누구나 한 번 읽어보고 통해 컴퓨터과학의 지식을 이해할 수 있도록 구성한 도서

김현철, 김수환 지음
18,000원